中国古代传统美德经典故事丛书

绘图孝节经典故事

邓启铜　注释

东南大学出版社
SOUTHEAST UNIVERSITY PRESS

图书在版编目（CIP）数据

绘图孝节经典故事 / 邓启铜注释. —南京：东南大学出版社，2015.9
（中国古代传统美德经典故事丛书）
ISBN 978-7-5641-5928-3

Ⅰ.①绘… Ⅱ.①邓… Ⅲ.①品德教育-中国-青少年读物 Ⅳ.①D432.62

中国版本图书馆CIP数据核字(2015)第169098号

绘图孝节经典故事

责任编辑	彭克勇
封面设计	林绵华
出版发行	东南大学出版社
社　　址	南京市四牌楼2号　邮编：210096
出版人	江建中
网　　址	http://www.seupress.com
印　　刷	东莞市信誉印刷有限公司
开　　本	787mm×1092mm　1/16
印　　张	12.5
字　　数	250千字
版　　次	2015年9月第1版
印　　次	2015年9月第1次印刷
书　　号	ISBN 978-7-5641-5928-3
定　　价	24.80元

东大版图书若有印装质量问题，请直接向营销部调换　电话：025-83791830

前言

　　中华优秀传统文化是习近平总书记十八大以来治国理念的重要来源。一个国家一个民族的强盛总是以文化兴盛为支撑的，没有文明的继承和发展，没有文化的弘扬和繁荣，就没有中国梦的实现。

　　目前，举国上下都在践行社会主义核心价值观，即"富强、民主、文明、和谐、自由、平等、公正、法治、爱国、敬业、诚信、友善"，就其本质，与我们中华传统美德提倡的"四维八纲"即"孝悌忠信，礼义廉耻"是一致的。

　　民国初年，湖州老儒蔡振绅从小受父亲每晚讲一段古人嘉言懿行的故事教诲，他七岁读完《四书》，十岁读毕《五经》，十一岁读完二十一史及《尔雅》诸书，有深厚的学养和德行。当时中国动荡不安，世风愈下，德教沦丧。蔡振绅先生立志将中国传统美德故事按"孝悌忠信，礼义廉耻"汇集起来教化世人，特别是对孩童进行传统美德的教育。他找到志同道合的朋友，以正史中的故事为依据，共集了七百六十八个精彩故事，配上精美版画，再配以诗词教导儿童，这些故事都是精挑细选，可歌可泣，读后感人至深，每则故事后引用当时贤达人士的评语，发人深省。

　　由于当时时局的动荡，这套《八德须知》未能在社会上广为流布。根据四集自序，当时上海战事忽起，"振绅以二集三万二千部仅寄出三分之一，其已印就而尚未装订者有二万余部在战场之中无法取出……当炮火最烈之日，案前墙垣被震摇动频有崩圮之虞，甚至窗门自动震开，且相离数丈之地发现炸弹一枚亦未爆裂，幸此心未动……。"可以想见此书之不易！所幸三年前我收集到此书，看到如此精美的版画，我惊艳无比！特别是读到这些经典美德故事，让人掩卷沉思。

弘扬优秀中国传统文化，移风易俗，拯救社会道德滑坡，必须从德育教育抓起。必须从中小学少年儿童抓起，这些美德故事，分为孝、悌、忠、信、礼、义、廉、耻八个方面，各九十六则经典故事，这些故事都是历史上耳熟能详的、感人肺腑的典故，少年儿童从小熟悉这些故事，不但可以将中华传统美德植根于内心，更可以熟悉历史，从而受益终生。当然，囿于作者当时所处的社会，他所选取的故事有些明显带有局限性。在今天看来，有些虽符合传统道德标准，却违背了人性，甚至是违背了法制精神。我们在阅读时，一定要注意取其精华弃其糟粕，才符合当前弘扬优秀传统文化的精神。

这些故事，每段仅有八十余字，非常适合少儿阅读，译者注释和翻译了全文。因涉及面太广泛，有些人名、地名未能查到，有些是原书中存在的错误，特别是地名的变迁，非常复杂，来不及细考。书中存在的错讹，敬请读者不吝赐教，以便修订时更正。

邓启铜
2015.6.12

目录

一	虞舜耕田	002
二	仲由负米	004
三	闵损芦衣	006
四	曾参养志	008
五	老莱斑衣	010
六	郯子鹿乳	012
七	汉文尝药	014
八	郭巨埋儿	016
九	江革负母	018
十	蔡顺拾椹	020
十一	姜诗出妇	022
十二	黄香温清	024
十三	董永卖身	026
十四	丁兰刻木	028
十五	陆绩怀橘	030
十六	孟宗哭竹	032
十七	王裒泣墓	034
十八	王祥剖冰	036
十九	吴猛饱蚊	038
二十	黔娄尝粪	040
二十一	寿昌弃官	042
二十二	庭坚涤秽	044
二十三	李忠辟震	046
二十四	实夫拜虎	048
二十五	皇英妇道	050
二十六	缇萦上书	052
二十七	曹娥投江	054
二十八	赵娥复仇	056
二十九	杨香搤虎	058
三十	木兰从军	060
三十一	崔唐乳姑	062
三十二	张李丐养	064
三十三	小娥杀贼	066
三十四	志女求鱼	068
三十五	顾张待雷	070
三十六	詹女仁智	072
三十七	妙真祝寿	074
三十八	赵妇感火	076
三十九	储范织席	078
四十	王陈剖肝	080
四十一	赵王辟疫	082
四十二	王周典衣	084
四十三	兰姐善谏	086
四十四	夏王糟糠	088

四十五	陆女悟父	090	七十一	鼎臣祝寿	142
四十六	秀贞谏母	092	七十二	杨黼活佛	144
四十七	吴冯感化	094	七十三	太姒嗣徽	146
四十八	吴孙劝夫	096	七十四	女娟持楫	148
四十九	文王问安	098	七十五	周青含冤	150
五十	武王继述	100	七十六	梁嫕上书	152
五十一	考叔舍肉	102	七十七	卢李奔丧	154
五十二	伯俞泣杖	104	七十八	屠女守坟	156
五十三	赵咨迎盗	106	七十九	无忌劈仇	158
五十四	茅容杀鸡	108	八十	饶娥浮父	160
五十五	李密陈情	110	八十一	郑杨求杏	162
五十六	赵志闻声	112	八十二	妹妹殉母	164
五十七	范乔哭砚	114	八十三	历女守柩	166
五十八	刘殷祝堇	116	八十四	菊花无怨	168
五十九	王延色养	118	八十五	周徐同德	170
六十	叔谦乞藤	120	八十六	彩鸾代父	172
六十一	睿明石函	122	八十七	朱寿诉冤	174
六十二	昙恭访瓜	124	八十八	韩刘刺血	176
六十三	沙弥止风	126	八十九	诸娥钉板	178
六十四	孝绪得薓	128	九十	李甄拜道	180
六十五	裴侠吉壤	130	九十一	淑圆击鼓	182
六十六	崔邠导舆	132	九十二	桂李割乳	184
六十七	朱泰虎残	134	九十三	庐吴寻骸	186
六十八	徐积避石	136	九十四	陈高发鞍	188
六十九	彦斌刍灵	138	九十五	刘女代耕	190
七十	吴璋思亲	140	九十六	武江侍食	192

董永卖身图

一 虞舜耕田
yī yú shùn gēng tián

虞舜大孝
竭力于田
象鸟相助
孝感动天

古越周闲章绘

【原评】大舜心中只有父母,故不知其他,只求可得父母之欢心,故始终不见父母不是处。人伦之变,至舜而极。然能尽爱敬之诚,则至顽如瞽,尚能厎豫允若(厎豫:语出《孟子》。厎,音至,致也。豫,乐也。允若:语出《书经》。允,信也。若,顺也),况顽不如瞽者乎?

【原文】 虞舜①，姓姚，名重华。父瞽瞍顽②，母握登贤而早丧，后母嚚③，弟象傲④，常谋害舜，舜孺慕⑤，号泣如穷人之无所归⑥。负罪引慝⑦，孝感动天，尝耕于历山⑧，象为之耕，鸟为之耘⑨，帝尧闻之，妻以二女。历试诸艰，天下大治。因禅焉⑩。

【注释】 ①虞：传说中舜所建的朝代名，都蒲坂，在今山西平陆县东北。②瞽瞍：舜父，有目不能分别好恶。故时人谓之瞽瞍。瞍，长者之称。顽：心不则德义之经为顽，即无知无识而妄为也。③嚚：音银，口不道忠信之言为嚚。④傲：慢也，倨也。⑤孺慕：谓如孺子之慕父母，言其诚也。⑥号泣：哭泣也。⑦慝：恶之匿于心者。⑧历山：在山西永济市东南。⑨耘：除草也。⑩禅：传位也。

【译文】 远古虞朝时有一位叫舜的大贤人，姓姚名重华。父亲名瞽瞍，生性顽劣；母亲名握登，贤惠但早死。后母爱撒谎，弟名象，性情傲慢歹毒，经常想谋害舜。舜仍然像孺子爱慕父母那样孝。舜经常被父母和象气得悲泣不已，有如穷人无家可归，忍气吞声。舜的孝心感动了上天。他曾经在历山山麓耕地，有大象来帮他耕地，有鸟儿来帮他除草。尧帝听说之后，将两个女儿嫁给他，用各种艰难来考验舜，结果天下大治。最后尧将帝位禅让给舜。

一 虞舜耕田

二 仲由负米

子路尽力，负米奉亲。亲没仕楚，叹不及贫。

【原评】李文耕谓："事亲之事，承颜（承颜：顺承长辈的脸色，也就是侍奉长辈）日短，报德思长。如仲氏子者，方乐负米之欢，旋（旋：不久）抱衔恤（衔恤：为父母守丧）之痛。思藜藿而不得，列钟鼎而徒然，子欲养而亲不待，盖千古有同慨也。为子者幸而逮（逮：及，连及）存，可不思孝养之及时也乎？"

【原文】周仲由①，字子路。家贫，常食藜藿之食②，为亲负米百里之外。亲没③，南游于楚，从车百乘④，积粟万钟⑤，累茵而坐⑥，列鼎而食⑦。乃叹曰："虽欲食藜藿，为亲负米，不可得也。"孔子曰："由也事亲，可谓生事尽力，死事尽思者也。"

【注释】①周：周文王和周武王创建的朝代名，分西周、东周。东周又分春秋、战国两个时期。仲由是春秋时期人。②藜藿：野菜，穷人吃的菜，也泛指粗劣的饭菜。③没：过世。④乘：古代四马一车为一乘。⑤钟：古代容量单位，春秋时等于六斛四斗。⑥累：加、叠。茵：褥、毯一类的东西。⑦列鼎：陈列着盛有丰盛饭菜的鼎器。

【译文】周朝春秋时期的仲由，表字叫子路。他家很穷，日常吃的都是野菜。为了奉养父母，还常到百里以外的地方，背大米回来给父母吃。父母去世后，他就去南方游历，到了楚国。于是变得富贵，跟从的车有一百辆，积聚的谷物有一万钟。把毯褥叠起来坐，吃饭时陈列着丰盛饭菜。但他感叹道："现在即使想像从前那样吃野菜，给父母背大米，也再不能够了。"孔子说："仲由侍奉父母，真称得上父母在时竭尽全力，父母死后竭尽怀念。"

二 仲由负米

三　闵损芦衣

孝哉闵子
衣芦御车
感父救母
千古令誉

[原评] 李文耕谓："闵子留母之语，凄然蔼然（蔼然：和气友善的样子），从肺腑中酝酿而出。虽使铁石人闻之，亦为恻恻心动，何其天性之厚且纯也。卒之全母全弟全父，一家太和之气，直从孝子一念恳恻中转回，为子者其三复（三复：三遍，指反复诵读）之。"

【原文】周闵损,字子骞。早丧母,父娶后妻,生二子。母恶损,所生子衣棉絮①,而衣损以芦花。父令损御车②,体寒失靷③。父察知之,欲逐后妻。损启父曰:"母在一子寒,母去三子单。"父善其言而止,母亦感悔,视损如己子。

【注释】①衣:动词,穿(衣服)。②御:牵引,驾驶。③靷:牵引车辆前进的皮带,两端分别套在车上和牲口胸前。

【译文】周朝春秋时期的闵损,表字叫子骞。生母早早过世了,父亲娶了后妻,生了两个儿子。闵损的后母很厌恶他,给亲生子穿棉絮衣服,却给闵损穿只塞有芦花的衣服。有一次父亲叫他去牵车,但因为他身体很寒冷,不小心把拉车的皮带掉了。父亲觉察到他穿芦花衣服而受寒的真相,就要把后妻赶走。闵损告诉父亲:"母亲在,就只有我一个儿子受寒。如果母亲离开,就有三个儿子要落单受苦了。"父亲认为他说得对,就没有这样做了。后母也后悔自己的所作所为,从此把闵损当成亲生儿子一般。

三 闵损芦衣

四 曾参养志

曾子养志,请与
有余,母啮其指,
负薪归庐

【原评】李文耕谓:"凡为父母,未有不望其子之成立。成立于功名者小,成立于道德者大。为子者欲学曾子之养志,必学曾子之志于道,悟彻一贯,三省其身。不然,虽多备酒肉,曲承欢笑,异于徒养口腹几何。"

【原文】周曾参，字子舆。善养父志，每食，必有酒肉；将彻①，必请所与②。父嗜羊枣③，既没，参不忍食。采薪山中④，家有客至，母无措⑤，啮指以悟之⑥。参忽心痛，负薪归。妻为母蒸梨，不熟，出之⑦。过胜母⑧，避其名不入。学于孔子，而传《孝经》。

【注释】①彻：去，撤走。②请：请示。与：给。③嗜：喜好。羊枣：也叫"羊矢枣"，一种果子。④薪：柴。⑤措：招待客人的东西。⑥啮：咬。⑦出：休，遗弃。⑧胜母：地名，可能在山东。

【译文】周朝春秋时期的曾参，表字叫子舆。他奉养父母，善于顺从父母的意思。每当吃饭时，一定有酒和肉；吃完要收走的时候，一定请示父亲剩下的酒肉要拿给谁。父亲喜欢吃羊枣，后来过世了，曾参就不忍心再吃羊枣了。曾参在山里砍柴，家里来了客人，母亲在家，但没有东西可以招待客人，就咬破指头，好让曾参察觉到。果然曾参在山里忽然感到心痛，就慌忙背着柴回到家。曾参的妻子给他母亲蒸梨子，没有蒸熟，他就把妻子休了。曾参经过胜母这个地方，因为地名取得不好，就没有走进去。曾参跟孔子学习，孔子把《孝经》传给了他。

四　曾参养志

五 老莱斑衣

老莱七十戏绿娱亲
作婴儿状烂漫天真

【原评】李文耕曰:"恒言不称老一语,记礼者原自体贴入微。得莱子之斑衣弄雏,乃发挥尽致矣。以舜之孺慕,参之养志,合为一人。其真爱流溢处,令人神往不尽。"

【原文】周老莱子,姓莱,佚其名①,楚人。至孝,奉二亲极其甘脆。行年七十,言不称老②。尝着五彩斑斓之衣,为婴儿状,戏舞于亲侧。并在双亲前弄雏③,欲亲之喜。又尝取水上堂,诈跌卧地,作婴儿啼,以娱亲意。

【注释】①佚:遗失。②言不称老:《礼记》上说父母还在,子女就不要说自己老了。③弄:玩,戏弄。雏:小鸟。

【译文】周朝的老莱子,姓莱,名字则遗失了,是楚国人。他非常孝顺,奉养父母总是用甘甜脆口的食物。已经七十岁了,但从不说自己老了。他曾经穿着五彩斑斓的衣服,装成婴儿的样子,在父母旁边嬉戏舞蹈。并且在双亲面前玩弄小鸟,想让父母高兴。还曾经把水挑到堂上,假装跌倒躺在地上,发出婴儿啼哭的声音,为的是让父母开心喜悦。

六 郯子鹿乳

郯子親老
雙目皆瞽
入鹿羣中
為取鹿乳

【原评】王应照曰："孝子事亲，必养其心志，而不徒养其口体。鹿乳异味，因老人偶然思食，蒙皮入山，本一片诚孝之心。发为机智，得乳归奉，父母之心顺，孝子之心安矣。李文耕谓为反哺(反哺：乌鸦幼小时有母鸦哺育，长大后反过来哺育母鸦，所以人们把报亲恩叫做"反哺")。至情，不亦然乎？"

【原文】周郯子①,鲁人,史佚其名,天性至孝。父母年老,俱患双目②,思食鹿乳而不得。郯子顺承亲意③,乃衣鹿皮,去之深山中,入鹿群之内,取鹿乳以供亲。猎者见而欲射之,郯子具以情告④,乃得免。

【注释】①郯子:春秋时郯国国君,子爵,己姓。少昊后裔中的炎族首领封于炎也称炎国,后又称郯国。②俱:都。患:有病疾。③亲:指父母亲。④具以情告:将实际情况全讲出来。

【译文】周朝的郯子,是鲁国人,历史上已经遗失了名字,他天性非常孝顺。父母老了,眼睛都有毛病,想吃鹿奶却没办法得到。于是郯子顺应父母的意思,披上鹿皮去了深山里,混到鹿群里面,要取些鹿奶给父母吃。有猎人看到披鹿皮的郯子,把他当成了鹿,就想射杀他。最后郯子把整件事情一一讲给猎人听,才没有被猎人杀害。

六 郯子鹿乳

七 汉文尝药

汉孝文帝母病在床三载侍疾汤药亲尝

【原评】王应照谓:"三年之病久矣,而帝之所以小心侍奉者,历三年如一日,仁孝至矣。夫(夫:发语词,用在句子开头,表发端,常引起议论)太后役使满前,文帝贵为天子,以天下养,犹必躬(躬:亲自)尽子职,况平人父母,非子媳谁为服事乎?事亲之道,自尽其心而已。"

【原文】汉文帝①，姓刘，名恒，高祖第三子也，初封于外为代王。生母薄太后②，帝朝夕奉养无倦怠③。太后病三年之久，帝侍疾，目不交睫④，衣不解带。所用汤药，必先亲尝之而后进。仁孝之名，闻于天下。

【注释】①汉：秦朝之后汉高祖刘邦建立的朝代，分西汉、东汉。②薄太后：薄姬，刘邦的妃，汉文帝即位后尊称她为薄太后。③倦怠：疲倦懒惰。④目不交睫：没有合眼休息。

【译文】汉朝的文帝，姓刘，名叫恒，是汉高祖刘邦的第三个儿子，起初被封在"代"这个地方做代王。生母就是后来的薄太后，文帝每天每夜都奉养着她，不觉得累，也没有懒惰。薄太后曾经病了三年那么久，文帝服侍母后的病，晚上没有睡好，衣带也没有解开过。太后所吃的汤药，一定要先自己亲自尝过了，才拿给太后吃。于是文帝仁孝的名声就传遍了天下。

七 汉文尝药

八 郭巨埋儿

郭巨埋儿恐分母食
天赐黄金掘坑而得

【原评】姜履曰："埋儿事，诸儒皆非之。得林县人所传，始知'子可再有，母不可复得'之言。割慈忍爱，曲体母心者至矣。所以惊天地，泣鬼神，一釜黄金，得自凄怆之顷。而雷苏其子，破涕为笑，孰谓皇天无眼耶？"

【原文】汉郭巨,字文举。家贫,子尚幼,母减食与之。巨因贫难供母,子又分甘①,乃乘子出,进食。一日子溺毙,妻惶泣②。巨曰:"毋惊母。子可再有,母不可复得,盍埋之③?"妻不敢违,遂掘坑三尺。雷震子苏④,见黄金一釜⑤,上有字云云⑥。

【注释】①甘:美味的食物。②惶:恐惧。③盍:何不。④苏:死而复生。⑤釜:古代的容量单位,等于六斗四升。⑥云云:表示省略的话。这里省略的话是"天赐黄金,郭巨孝子,官不得夺,民不得取"。

【译文】汉朝的郭巨,表字文举。家里很穷,儿子还很小,郭巨的母亲就常把自己的食物分给孙子吃。郭巨因为家里太穷,难以奉养母亲,而小儿子又要分掉母亲的食物,就趁着儿子出去的时候,才拿食物给母亲吃。有一天,儿子掉进水里淹死了,郭巨的妻子惊恐哭泣,郭巨说:"不要惊动了母亲。儿子还可以再有,但母亲不可以再有的,我们何不把儿子埋了?"妻子不敢违抗他,就开始挖坑,挖到三尺多深的时候,一个雷打下来,把儿子震得复活了。并且看到坑里有一釜黄金,上面写有字"天赐黄金,郭巨孝子,官不得夺,民不得取。"说这些黄金是上天赐给孝子郭巨的。

八 郭巨埋儿

九 江革负母

江革避難
負母保身
亂平貧苦
行傭供親

【原评】 李文耕曰:"次翁之孝,于险阻艰难中,全人所不能全。然在次翁,初不敢料其必全,只尽其心力,而造次颠沛(造次:匆忙。颠沛:困顿、奔波),必于是耳。孔明鞠躬尽瘁,宁俞薄鸩橐饘(鸩:一种毒鸟,羽毛可作毒药。橐:口袋。饘:粥。宁俞是春秋时期卫国的大夫,晋文公曾经让医生下毒谋害卫成公,宁俞贿赂医生,让他减少毒药,救了卫成公一命。卫成公被晋国囚禁起来,宁俞则负责用橐装粥给卫成公吃),正同此一副心事。忠臣孝子,所以争光于日月也。"

【原文】 汉江革，字次翁，少失父，独与母居。遭世乱，负母逃难①。数遇贼②，欲劫去。革辄泣告有老母在③，贼不忍杀。转客下邳④，贫穷裸跣⑤，行佣以供母⑥。凡母便身之物，未尝稍缺。母终，哀泣庐墓⑦，寝不除服。后举孝廉⑧，迁谏议大夫⑨。

【注释】 ①**负**：背。②**数**：多次。③**辄**：总是，就。④**下邳**：在今江苏邳州市东。⑤**跣**：光脚。⑥**行佣**：做雇工。⑦**庐墓**：古人在父母或师长死后，服丧期间在墓旁搭屋居住，守护坟墓，这叫做"庐墓"。⑧**举孝廉**：汉代孝顺廉洁的人能被举荐做官。⑨**迁**：调动官职。**谏议大夫**：掌管议论的官。

【译文】 汉朝的江革，表字叫次翁，很小的时候就没了父亲，自己跟母亲住一起。那时候天下大乱，江革就背着母亲四处逃难。很多次遇上作乱的盗贼，他们要把江革掳走。江革总是哭着告诉盗贼，说他还有老母在身边，于是强盗也不忍心杀他了。江革辗转来到下邳这个地方，一贫如洗，衣服鞋子都破了，江革就去给人做工来供养母亲。凡是母亲身边需要的物品，都不会有一点缺少。母亲过世了，江革很伤心地哭着，在母亲的墓旁边搭屋子居住，守护坟墓，睡觉也不脱掉丧服。后来被人推举孝廉，做到了谏议大夫的官。

九 江革负母

十 蔡顺拾椹

蔡顺少孤世乱岁荒
拾椹奉母赤黑分筐

【原评】姜书鉴曰："人子于丁艰(丁艰:遭遇父母丧亡)之际,躬当大事(躬:亲自。当大事:送死),处常且难。不幸遇卒(卒:音cù,同猝,突然,仓猝)变,惟有出万死一生之计耳。君仲母柩逼于火,抱而号哭,辟患不为,非天性激发乎?至誠(誠:音xián,诚心)感神,火越他宅,所全者大,拾椹犹其余事耳。"

【原文】汉蔡顺，少孤①，事母孝。遭王莽乱②，拾桑椹③，盛以异器。赤眉贼问其故④，顺曰："黑者奉母，赤者自食。"贼悯之，赠牛米不受。母丧，未及葬，里中灾⑤，火逼其舍⑥，顺抱柩号哭⑦，火遂越烧他室⑧。母生平畏雷，每雷震，顺必圜冢泣呼⑨。

【注释】①孤：自小失去父亲，叫做"孤"。②王莽：西汉末年，王莽建立新朝，取代汉朝。③椹：同葚，桑树的果实，黑色的味甜，红色的味酸。④赤眉贼：新莽末年发生赤眉起义，称赤眉军，后来被刘秀击破。⑤里：居住的地方。灾：大火。⑥逼：逼近。⑦柩：装着尸体的棺材。⑧越：跳过。他：别的。⑨圜：环绕。冢：坟墓。

【译文】汉朝的蔡顺，从小就失去父亲，服侍母亲非常孝顺。刚好遇上王莽的变乱，没有饭吃，他就去拾桑葚，黑色的桑葚和红色的桑葚用不同的器皿来装。赤眉贼问他这样做是什么原因，蔡顺说："黑的奉养母亲，红的自己吃。"赤眉贼同情他，送他牛和米，但他没有接受。母亲过世了，还没来得及安葬，居住的地方就发生了火灾，大火逼近到他屋子了，蔡顺抱着母亲的灵柩哭号，结果大火就跳过他的屋子，烧到别的屋子去了。他母亲生平怕打雷，所以每当打雷天气，蔡顺一定绕着坟墓哭喊。

十 蔡顺拾椹

十一 姜诗出妇

姜诗夫妻
孝奉甘旨
舍侧涌泉
日跃双鲤

【原评】子之孝,不如率妇以为孝,妇能养者也。故堂前得一孝妇,胜得一孝子。范书录诗妻,旨深哉。其言赤眉贼经诗里,弛兵而过,曰:"惊大孝不祥。"遗以米与肉,受而埋之。诗亦卓行君子也,泉鱼之瑞,宜(宜:合适,应当)矣。

【原文】汉姜诗事母孝,妻庞氏尤孝。母嗜鱼脍①,又好饮江水,去舍六七里②,妻往汲之③。值风归迟,母渴,诗责遣之④。妻寄止邻舍,纺绩市珍羞⑤,使邻母往遗⑥,久之,姑遂召还⑦。舍侧忽涌泉,味如江水,每日跃出双鲤,取以供膳。

【注释】①脍:细切的鱼、肉。②去:距离。③汲:取水。④遣:赶。⑤纺绩:把丝麻等纺成纱或线。市:买。珍羞:珍贵的食物。⑥遗:送,给予。⑦姑:婆婆。

【译文】汉朝的姜诗,侍奉母亲非常孝顺,他妻子庞氏更加孝顺。姜诗的母亲喜欢吃鱼脍,又喜欢喝大江里的水。江离他们家有六、七里远,但妻子还是去那里取水。有次遇上大风,妻子回来得晚了,母亲渴了,姜诗就责怪妻子,把她赶走了。妻子寄宿在邻居家,辛勤纺织,用得来的钱买珍贵的食物,让邻居的妇女送去给婆婆。这样很久之后,她婆婆就叫她回家了。后来他们屋子旁边忽然涌出泉水,水的味道就像江水,每天还有两条鲤鱼跳出来,他们就拿来做鱼脍供母亲吃。

十一 姜诗出妇

十二 黄香温清

黄香九岁，父母丧存，温衾扇枕，奉侍晨昏。

【原评】王应照谓："九龄幼童耳，以常情论，则扇枕温衾（衾：被子）诸事，犹是父母爱子之所为，若子于父母，焉知此哉。卓哉文强，既知思母，又能孝父，九龄人能恪供子职。凡老大而不知孝，与孝而不尽力者，胥愧死矣。"

【原文】汉黄香,字文强,江夏人。年九岁丧母,哀毁逾礼①,乡人称其孝。家贫,躬执勤苦②,事父尽孝。夏天暑热,扇凉其枕簟③;冬日寒冷,以身温其被席。父疾,侍奉尤极其诚。太守刘护表而异之④。后举孝廉,官至尚书令。

【注释】①哀毁:因丧事过度哀伤而损害了身体。逾:超过。②执:操持,劳作。③扇:扇风。簟:竹席。④表:旌表,表彰。

【译文】汉朝的黄香,表字文强,是江夏人。九岁时母亲就过世了,黄香哀痛万分,甚至超过了礼制要求的情绪,所以乡里的人都称赞他很孝顺。家里很穷,他就自己做着勤劳艰苦的事,侍奉父亲,尽职孝顺。夏天天气很热,黄香把父亲的枕席用扇子扇凉了。冬天天气很冷,黄香就用身子去温暖父亲的被席。父亲生病了,黄香侍奉得格外诚心。江夏太守刘护便把他表奏上朝廷,特别重视他。后来黄香举了孝廉,官做到了尚书令。

十三 董永卖身

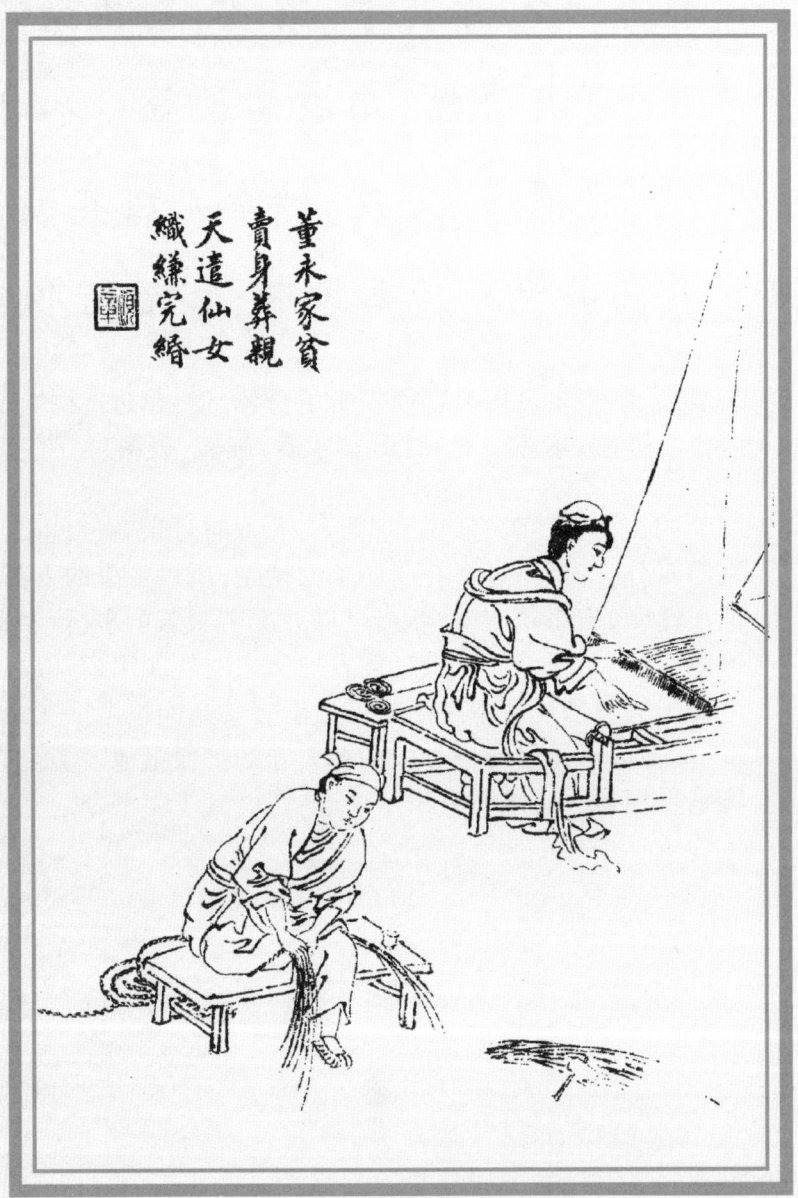

董永家贫
卖身葬亲
天遣仙女
织缣完婚

【原评】王应照谓："父死则葬,理之常也。孝子当贫乏无措时,卖身为之,亦求心之安而已。偿工之日,仙女忽逢,织缣一月,已清债累。此时卖身穷人,债主不得役之,且不能学之,于以知久停亲柩者之罪大矣。"

【原文】汉董永,性至孝。家贫,父死,卖身贷钱而葬①。及往偿工②,途遇一妇,求为永妻。同至主家,令织缣三百疋乃回③。一月完成,主大惊,听永归④。至槐阴会所,妇辞永曰:"吾织女也,天帝感君之孝,令我相助耳。"言讫凌空而去⑤。

【注释】①贷:借钱。②偿:还。③缣:双丝的细绢。疋:同"匹"。④听:任凭,随。⑤讫:结束。

【译文】汉朝的董永,天性非常孝顺。家里很穷,父亲过世了,董永卖身借了一笔钱来葬父亲。安葬了父亲以后,他就去偿还卖身钱的工价,在路上遇到一个女人,请求做他妻子。两人就一起到了债主家,债主要他织双丝的细绢,织满三百匹才可以回家。董永和女人一个月时间就完成任务了,债主觉得很惊奇,就任由董永回去了。到了之前两人相遇的槐树下,女人就向董永告辞说:"我是天上的织女,天帝为你的孝顺而感动,让我来帮助你。"说完就飞到天上离去了。

十四　丁兰刻木

丁兰丧亲，刻木视养。奉叔张击，像亦击之。恼快

【原评】思亲不见，而刻木事之，此不得已之极思也。而思慕之诚，木亦通神，忽而不怿，忽而流涕，非孝子精诚所致乎？至于为亲像被击，而奋击张叔，只知有亲，而不惜以身犯法，宜郡之嘉其孝而上其事也。

【原文】 汉丁兰,河内人①。早丧父母,刻木像,事之若生。邺人张叔假物②,兰妻卜筶③,木像不许。叔醉詈木像④,且击之。兰归,见木像色不怿⑤,询知之,即奋击张叔。吏至,捕兰,木像为之流涕。郡嘉其孝通神明,奏之,诏图其形。

【注释】 ①河内:郡治在今河南泌阳市。②邺:在今河北临漳县西。假:借。③筶:占卜用具,有两半,合拢拿在手里,掷在地上看哪一面朝上。④詈:骂。⑤怿:喜悦。

【译文】 汉朝的丁兰,是河内人。他的父母很早过世了,丁兰把他们刻成木像,供奉起来,像生前一样。邺这个地方有个叫张叔的人来借东西,丁兰的妻子在木像面前用筶卜问是否借给他,木像并不允许。张叔原本就喝醉酒,大骂木像,还击打了木像。等丁兰回到家,看到木像很不高兴的样子,就问妻子,于是知道了这件事,就用力地打了张叔一顿。衙门的差人来了,捉走了丁兰,木像为此流下了眼泪。这个地方的长官赞赏他的孝顺可以感动神明,就向朝廷奏明,于是皇上下诏,把丁兰的样子画了上去。

十四 丁兰刻木

十五 陆绩怀橘

陆绩六岁作客九江
母性所爱怀橘一双

【原评】情到真处,小节亦关至行,况六岁之儿,一橘不忘母乎,真千古美谈也。今人席间怀果,欲娱其儿。夫一样怀归,盍易爱子之心以爱亲?怀物与儿,识者贱之,怀物奉亲,人皆敬之。奇哉陆郎,可以为法矣。

【原文】汉陆绩,字公纪,吴郡人①。其父康,曾为庐江太守②,与袁术交好。绩六岁时,于九江见术,术出橘待之。绩怀其三枚③,及归拜辞,橘堕地。术笑曰:"陆郎作宾客而怀橘乎?"绩跪答曰:"吾母性之所爱,欲归以遗母④。"术大奇之。

【注释】①吴郡:治所在今苏州市。②庐江:今安徽合肥市下辖县。③怀:藏。④遗:赠,送。

【译文】汉朝的陆绩,表字公纪,是吴郡人。他的父亲叫做陆康,曾做过庐江太守,和袁术很有交情。陆绩六岁的时候,曾在九江见到袁术,袁术拿出橘子招待他。陆绩把三个橘子藏在袖子里。到了要回去的时候,陆绩向袁术拜谢告辞,橘子掉在了地上。袁术笑着说:"陆郎来做客人,还悄悄藏了主人的橘子吗?"陆绩跪着回答说:"我母亲生性喜欢吃橘子,我想带回去给母亲吃。"袁术对此非常惊奇。

十五 陆绩怀橘

十六 孟宗哭竹

【原评】脾胃既衰,饮食无味,偶思一物,宛似异常甘美,急欲得而食之,此病人常情,况老而病笃乎?无如时当冬月,笋从何来。宗之哭竹,非乞灵于竹也,而竹亦效灵。情到至处,不可以恒理测度者每如此。

【原文】吴孟宗①,字恭武,江夏人②。少丧父,母老疾笃,思笋煮羹食。时冬节将至,笋尚未生,宗无计可得,乃往竹林中抱竹而泣。孝感天地,须臾地裂③,出笋数茎。持归作羹以奉母,母食之而病愈。人皆以为至孝所感。

【注释】①吴:三国时代,孙权在江南建立吴国,又称东吴。②江夏:今湖北武汉市辖区。③须臾:瞬间,一会儿。

【译文】三国时代吴国的孟宗,表字叫恭武,是江夏人。他在很小的时候就失去了父亲,现在母亲也很老了,并且得了很重的病,想吃竹笋煮的羹。当时就要到冬至了,竹笋还没有生出来,孟宗没有办法找到竹笋,就跑到竹林中抱着竹子哭泣。孟宗的孝顺感动了天地,土地瞬间就裂开了,长出了几根竹笋。孟宗把竹笋拿回家,做成羹给母亲吃,母亲吃完之后病就痊愈了。人们都认为这是被孟宗极其孝顺的心所感动了。

十六 孟宗哭竹

十七　王裒泣墓

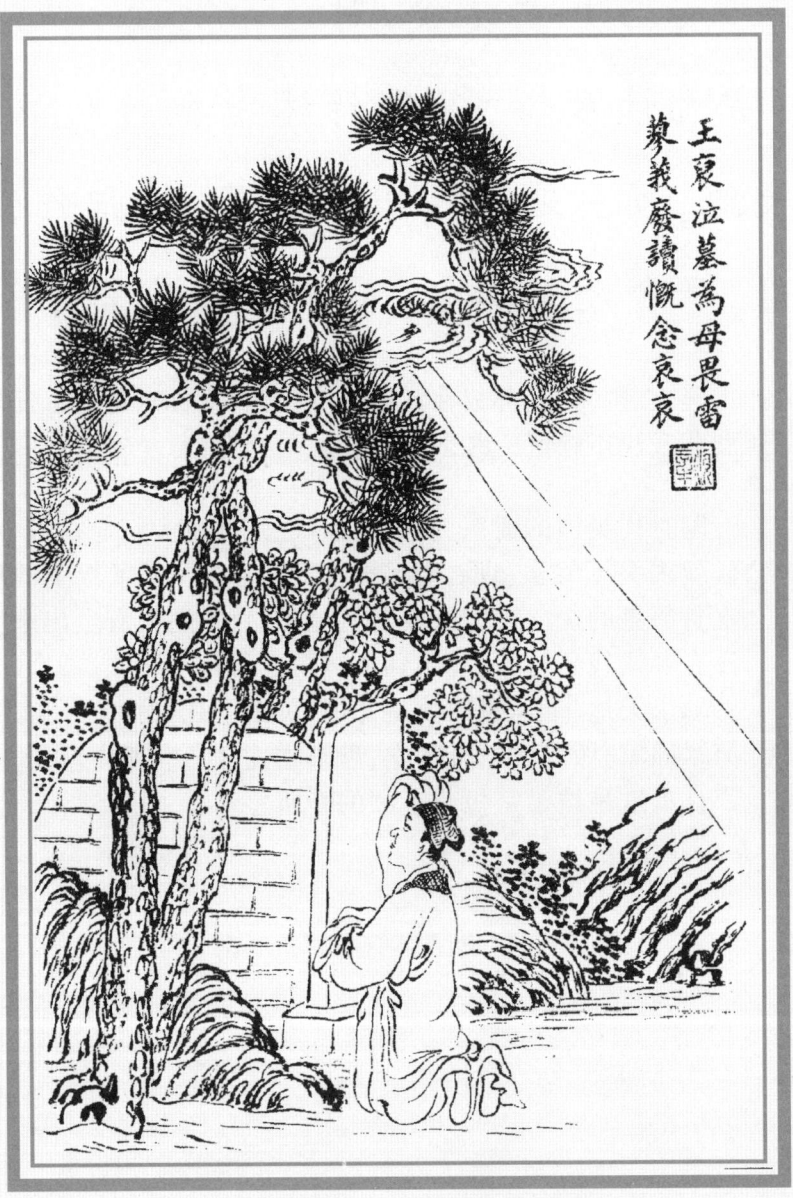

【原评】 李文耕曰："王伟元(伟元:王裒表字伟元)闻雷泣墓,事之如生,泪着树枯,痛之欲死,'哀哀父母'之诗,宜其不能卒读也。不能卒读《蓼莪》,因而门人尽废,情之剀切(剀切:切中事理)感人至矣。若用情不足者,又当日与之读《蓼莪》而念'劬劳'。"

【原文】魏王裒①，父仪，为晋文帝所杀，裒终身未向西坐，示不臣晋②。母畏雷，每闻雷，即奔墓前拜泣告曰："裒在此，母勿惧。"尝攀墓前柏树号泣，泪着树，树为之枯。读《诗》至"哀哀父母③，生我劬劳④"，必三复流涕⑤，门人尽废《蓼莪》篇⑥。

【注释】①魏：三国时代，曹丕建立魏国，取代汉朝。②臣：臣服，称臣。③《诗》：即《诗经》。④劬：劳苦。⑤三复：反复诵读。⑥门人：学生，弟子。《蓼莪》：《诗经·小雅》中的一篇，表达不能终养父母的悲痛。上文"哀哀父母，生我劬劳"一句就出自这一篇。

【译文】三国时代魏国的王裒，父亲叫王仪，是被晋文帝杀死的，所以王裒终身都不面对西方坐，以表示他不会向晋朝称臣。他母亲害怕打雷，在母亲死后，每当听到有雷声，王裒都立刻奔到母亲坟前，跪拜着，哭着说："儿子王裒就在这里，母亲不要害怕。"王裒曾经攀在坟前的柏树上号哭，眼泪滴到了树上，柏树因此枯萎了。王裒读《诗经》，读到"哀哀父母，生我劬劳"这一句时，一定流着眼泪反复地诵读，于是他的弟子们就都不再读这一篇《蓼莪》了。

十七 王裒泣墓

十八　王祥剖冰

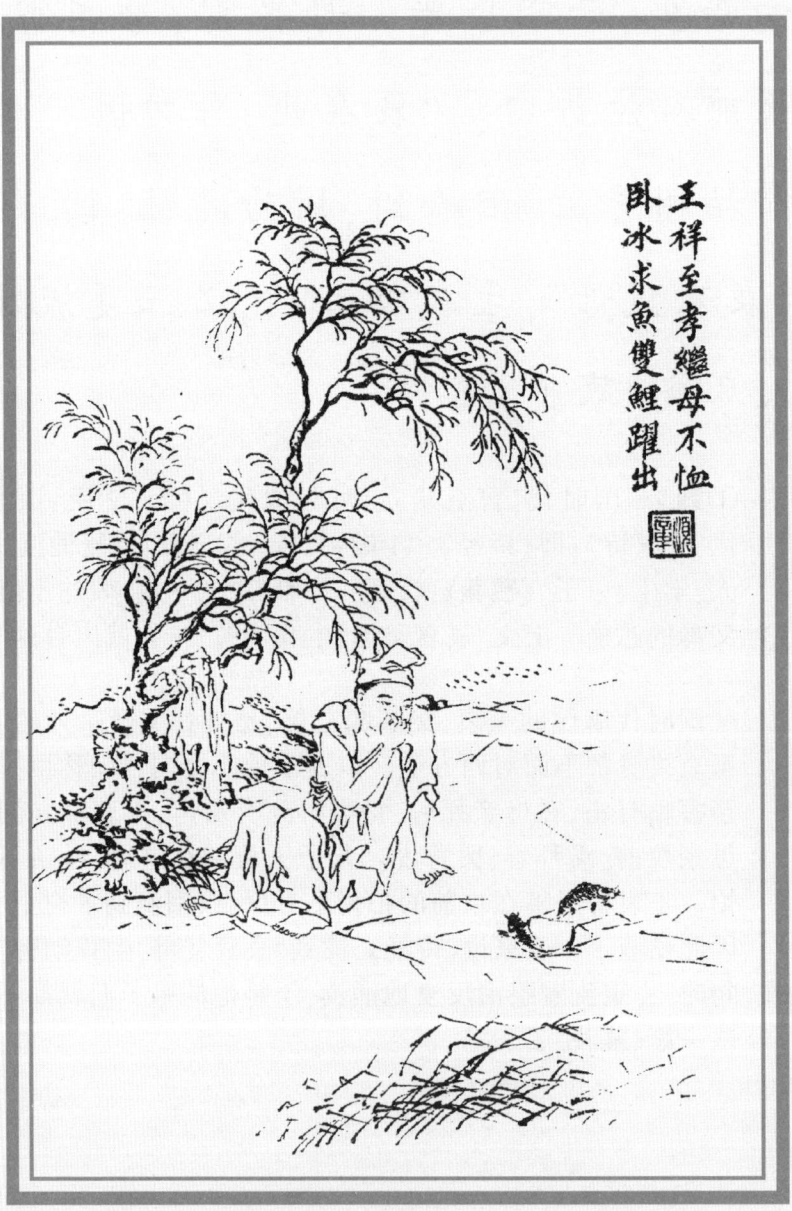

王祥至孝繼母不恤
卧冰求魚雙鯉躍出

【原评】李文耕谓："王休徵(休徵：王祥表字休徵)继母之变，几同井廪(廪：音lǐn，米仓。井廪：舜帝淘井、修米仓时，曾被父亲与弟弟迫害)，所少者一傲弟耳。乃求鲤求雀守奈，至难辄易，诚孝格(格：感通)天，而母亦徐化，不又一底豫之瞽瞍乎？世有不能化其继母者，特(特：只是)诚孝之未至耳。"

【原文】晋王祥①,早丧母。继母朱氏不慈,数谮之②,祥奉命愈谨③。母嗜生鱼,时冰冻,祥解衣,将剖冰求之。冰忽自解,双鲤跃出,持归供母。母又思黄雀炙④,复有雀数十,飞入祥幕。有丹柰结实⑤,母命守之,每风雨,祥辄抱树而泣。

【注释】①晋:司马炎建立晋朝,结束三国分裂的局面。②谮:诬陷,说坏话。③谨:小心,恭敬。④炙:烤。⑤柰:苹果的一种。实:果实。

【译文】晋代的王祥,很早就失去了生母。继母朱氏对他不慈爱,三番五次说他的坏话,但王祥听从她的命令却更加地恭敬。后母很喜欢吃鲜鱼,当时天寒地冻,河水结冰,王祥就解下衣服,打算把河冰打破来找鱼。河冰忽然自己消解了,两条鲤鱼跳了出来,王祥就拿回家给后母吃。后母又想吃烤黄雀,于是忽然间又有数十只黄雀飞到王祥帐里。他家的丹柰树结了果,后母让他守着。每当刮风下雨,王祥就抱着树哭,丹柰就不会掉下来。

十八 王祥剖冰

十九 吴猛饱蚊

吴猛八岁
家无帐帷
恣蚊饱血
恐噬亲肌

【原评】王应照谓:"父母育子,为之挥蝇,为之驱蚊,痒则搔之,寒则裹之。恐惊之而不敢高声,稍不安,则直欲分痛。爱子情深,何不可作恣蚊饱血观也。惟孝子还以报亲,且寓爱物之意,此其所以有仙格也。"

【原文】晋吴猛,字世云,豫章分宁人。年八岁,事亲至孝。家极贫寒,榻无帷帐①。每当夏夜,任蚊攒肤②,恣渠膏血之饱③。虽多,不敢驱之,惟恐其去己而噬亲也④。后遇至人丁义⑤,授以神方,屡著灵异⑥。宋政和中⑦,封真人⑧。

【注释】①榻:床。帷帐:帷幕床帐。②攒:钻。③恣:放纵。渠:第三人称代词,他。④噬:咬。⑤至人:能力高超的人。⑥著:显示。⑦政和:北宋徽宗的年号。⑧真人:得道的人。

【译文】晋代的吴猛,表字世云。是豫章分宁人。年纪才八岁,服侍父母就已经很孝顺了。他们家非常贫寒,床上没有蚊帐。每当夏天晚上,吴猛都任由蚊子叮咬自己的皮肤,任凭它们吸饱自己的血液。即使叮咬他的蚊子很多,吴猛也不敢把蚊子赶走,怕蚊子从自己身上飞走了之后,就会飞去叮咬父母。后来吴猛碰着了一个有高超法术的人,叫丁义,丁义给了他神方,很多次都显示出灵异的事情。宋朝的政和年间,吴猛被封为真人。

十九 吴猛饱蚊

二十 黔娄尝粪

黔娄为令,父病弃官,礼斗祈代,尝粪心寒

【原评】李文耕曰:"以心惊而知父疾,已见至孝冥感。而断然弃官,毫无瞻顾(瞻顾:瞻前顾后,考虑)。至尝粪验疾,吁(吁:音yù,呼喊祷告)辰祈代,则忧思之迫切,而不可解矣。凡此至性至情之所为,总不可于世情中觅求见解。"

二十 黔娄尝粪

【原文】南齐庾黔娄①，字子贞，新野人。为孱陵令②，到任未旬日③，忽心惊汗流，即弃官归。时父易病痢④，始二日。医者曰，欲知瘥剧⑤，但尝粪，苦则佳。黔娄尝之甜，心忧之。每夕稽颡北辰⑥，求以身代父死。易卒，居丧过礼，庐于冢侧⑦。

【注释】①南齐：南朝(宋、齐、梁、陈)的第二个朝代，萧道成建立。②孱陵：在今湖北公安县南。令：县令。③旬：十天。④易：庾黔娄父亲的名字。痢：痢疾，一种传染病。⑤瘥：病愈。剧：病情加重。⑥稽颡：古代的一种跪拜礼，屈膝跪拜，额头碰到地上，表示极度虔诚。北辰：这里指北斗星。⑦庐：搭屋子。冢：坟墓。

【译文】南齐的庾黔娄，表字叫子贞，是新野人。他去当孱陵县令，上任还不到十天，忽然心惊肉跳，大汗直流，当即辞掉官职回家。这时候他的父亲庾易生了痢疾才两天。医生说，要知道病会好起来还是会加重的话，只需要尝一尝庾易的粪便，如果是苦味的就表示病可以好。庾黔娄尝过父亲的粪便之后，发现是甜的，心里很是担忧。他每晚都向着北斗星跪拜叩头，祈求用自己代替父亲死亡。庾易还是过世了，庾黔娄守孝期间非常哀痛，超过了一般的礼节，并在父亲的坟墓旁搭建茅庐居住，守着坟墓。

二十一　寿昌弃官

【原评】 王应照谓："髫年（髫：音tiáo，古代小孩头上下垂的头发。髫年就是幼年的意思）别母，莫审（审：知道）行踪，碌碌尘途，心常抱疚（疚：忧虑痛苦）。纵富贵兼全，但念天下岂有无母之人？五十年来，肠一日而九回矣。一旦弃官，入秦求访，观其与家人诀别之言，诚穿金石，宜其得以天伦重聚也。"

【原文】宋朱寿昌①，年七岁，生母刘氏，为嫡母所妒②，出嫁。母子不相见者五十年，寿昌屡求不获。神宗朝③，弃官入秦④，与家人诀，誓不见母不复还。行至同州得之⑤，母年七十余。寿昌乃迎归，并迎其同母弟妹共居焉。

【注释】①宋：宋太祖赵匡胤所建朝代。②嫡：宗法制度下指家庭的正支。嫡母即父亲的正妻。③神宗：宋神宗赵顼。④秦：陕西。⑤同州：今陕西大荔县。

【译文】宋代的朱寿昌，才七岁大的时候，他的生母刘氏被他的嫡母妒忌，被嫁到别的地方去了。母子之后有五十年没有见面。朱寿昌多次去寻找，都找不到。到了神宗皇帝的时候，朱寿昌辞掉官职，到陕西寻找，跟家人分别的时候，发誓找不到母亲就不回来了。他走到同州，终于找到了母亲，当时母亲已经七十多岁了。朱寿昌就把母亲迎接回家，并把同母的弟弟妹妹接来一起住。

二十一 寿昌弃官

二十二　庭坚涤秽

宋黄庭坚
官居太史
亲涤溺器
不以为耻

【原评】王应照谓："溺器之涤，自有婢妾为之。惟孝子不以官职之显，失其子职之常。溺器且为亲涤之，其他子职尚有不尽者乎？"李文耕谓："山谷所为，仿佛石建（石建：西汉大将，虽然官高年老，每次回家都亲自洗父亲的近身衣物），皆乐供子职，不以贵显闲其心者也。"

【原文】宋黄庭坚,字鲁直,一字山谷①,又号双井老人,洪州分宁人也②。元祐中为太史③。性至孝,身虽贵显,奉母尽诚。每夕亲自为母涤秽器④,不使婢妾为之,未尝一刻有缺子职。苏东坡叹其诗,独立万物之表。

【注释】①山谷老人:据史载,应为"山谷道人"。②洪州:今江西南昌。分宁:今江西修水县。③元祐:宋哲宗年号。太史:掌管国史和天文的官职。④秽器:便桶。

【译文】宋代的黄庭坚,表字鲁直,号山谷道人,另一个别号叫"双井老人",是洪州分宁人。在元祐年间做了太史。天性非常孝顺,虽然身份显贵,但侍奉母亲仍然极尽诚心。每晚都要亲自给母亲洗刷便桶,不让奴婢做这些事,从来没有一刻不尽到做儿子的本分的。黄庭坚诗也作得非常好,苏东坡称赞他的诗是在千万诗文中鹤立鸡群的表率作品。

二十三　李忠辟震

李忠事母
地震山移
民廬盡毀
至孝獨遺

【原评】地震而至山移,大劫也,况被灾之区,有一万八百区乎。庐舍生命,所伤无算,惟至孝者所居无恙。历观孝子传,辟(辟:同避)疫、辟水、辟火、辟风、辟雷。竟至于辟地震山移,观止(观止:称赞所见事物好到极点)矣,人亦何乐而不尽孝哉?

【原文】元李忠①,晋宁人。幼孤②,事母至孝。大德七年八月③,地大震,郇保山移④。所过居民庐舍,皆摧压倾圮⑤。被坏房屋一万八百区,人民压死,不可胜数。惟将近忠家,分为二行,五十余步复合,忠家独全。

【注释】①元:朝代名,蒙古孛儿只斤·铁木真于1206年建立,1271年元世祖忽必烈改国号为元,1279年灭宋。②孤:自小失去父亲。③大德:元成宗年号。④郇保山:在山西平阳。⑤摧:折断。圮:倒塌。

【译文】元代的李忠,是晋宁人。他很小就失去了父亲,但侍奉母亲非常孝顺。大德七年的八月发生了大地震,震得郇保山都移动了。山体所经过的地方,百姓房屋都被压倒了,被破坏的房屋有一万零八百个区域,被压死的人民多得数不清了。可是山体在要接近李忠家的时候,分作了两行,过了五十几步才又合了起来,于是就只有李忠家保全下来,没有被损坏。

二十三 李忠辟震

二十四 实夫拜虎

实夫归省虎衔其衣
拜请毕养竟得全归

【原评】孝既无灾不可辟，更无物不可格(格：感通，感动)。不论禽兽鳞虫，草木花果，一切有情无情，均可由一片肫(肫：音zhūn，诚挚)诚，有求必应，无感不通。物类至于虎，凶暴已甚，而历代孝子免于虎者，指不胜屈。於戏(於戏：音wū hū，同呜呼，感叹词)！奇矣。

【原文】明包实夫①,事亲尽孝。明经力学,馆于太常里②。岁暮归省③,途遇一虎,衔其衣④,入林中,释而蹲⑤。实夫拜请曰:"将啖我耶⑥?命也,奚憾⑦?吾有父母年七十余,能容我毕养,吾苟存,终还汝啖。"虎即舍去。后人名其地为"拜虎冈"。

【注释】①明:明太祖朱元璋所建朝代。②馆:古时教学的地方。③归省:回家探望父母。④衔:用嘴含、叼。⑤释:放下。⑥啖:吃。⑦奚:何。

【译文】明代的包实夫,侍奉父母非常尽孝。他明白经书的道理,致力于学问,在太常里这个地方开馆教书。年底回家看望父母的时候,路上遇到一只老虎,老虎衔住了他的衣服,把他拖到了树林里再放下,然后蹲着。包实夫拜着老虎,请求道:"你要吃我吗?这是我命中注定的,又有什么可怨恨的呢?只是我还有已经七十多岁了的父母,如果你准许我终养父母,那么到时如果我还活着,我一定还回到这里给你吃。"老虎听完就丢下包实夫走开了。后人就叫那个地方做"拜虎冈"。

二十四 实夫拜虎

二十五　皇英妇道

皇英二嫔
舅姑顽嚚
恪尽妇道
佐夫事亲

【原评】以帝女之尊,下嫁农民。其舅姑又为顽嚚,且日欲杀其夫者。乃明知欲杀其夫,而仍劝夫往。奉命惟谨,传称其谦谦恭俭,思尽妇道。以帝女而兼为帝妃,事瞽瞍犹若初焉。於戏！有(有;词缀,用在某些朝代名称前面)虞二妃,万世之师矣。

【原文】 唐尧二女①，长娥皇，次女英。尧因四岳荐虞舜②，乃妻以二女③，以观其内。舜父顽④，母嚚⑤，弟象傲。二女事舜于畎亩之中⑥，恪尽妇道⑦。瞽叟与象谋杀舜⑧，使涂廪浚井⑨。舜以告二女，二女虽知之，必曰往。及舜代尧居帝位，娥皇为元妃⑩，女英为次妃，事瞽叟犹若初焉。

【注释】 ①唐：中国上古传说的朝代名，在今河北省唐县。②四岳：官名。相传为共工的后裔，有人认为是四个人，也有人认为是一个人。虞：中国上古传说时代的朝代名，在今山西。③妻：动词，把女儿嫁人。④顽：愚笨无知，做事胡来。⑤嚚：暴虐、愚蠢。⑥畎亩：田野。⑦恪：恭敬，谨慎。⑧瞽叟：舜的父亲。舜的父亲不能分辨善恶，所以人们叫他"瞽叟"。有人认为瞽和叟都是"瞎、盲"的意思。谋：计划。⑨廪：米仓。涂廪：修补米仓。浚：挖深。⑩元妃：国君或诸侯的嫡妻。

【译文】 上古唐代的尧帝有两个女儿，大的叫娥皇，小的叫女英。尧帝因为四岳官举荐了虞舜，就把两个女儿嫁给他，来观察他内在的品德。舜的父亲愚笨又妄为，母亲暴虐，弟弟名叫象，很傲慢。姊妹两个人在田野里服侍舜，很尽妇道。舜的父亲瞽叟和弟弟象计划着杀害舜，就叫舜去修米仓、挖井，其实是想趁机杀他。舜把这件事告知姊妹俩，两人虽然知道这是个阴谋，还是肯定地叫舜去做。等到舜接受尧帝的禅让成为帝王，娥皇做了皇后，女英做了次妃，她们服侍瞽叟还是像从前那样恭敬。

二十五 皇英妇道

二十六 缇萦上书

淳于少女名曰缇萦
上书赎父悲泣陈情

【原评】秦定叟谓："人家父母,生女不喜,只为'缓急非有益'五字。但生男未必有益,顾用情何如耳。若缇萦者,虽谓之有子可也。能存缇萦之心,则为缇萦不难。即不为缇萦,亦相去不远矣。"

【原文】汉淳于缇萦①,齐人,太仓令意之少女也②。意有五女,无子。会坐法当刑③,诏逮系长安。临行,骂诸女曰:"生女不生男,缓急非有益④。"缇萦闻而悲泣,随父至长安,上书愿入身为官婢,以赎父罪,俾得自新⑤。文帝悯其孝,诏除肉刑,意遂获免。

【注释】①淳于:复姓。②太仓:在今江苏昆山市东。令:县令。③会:恰好。坐法:犯法。④缓急:紧急情况。⑤俾:使。

【译文】汉代的淳于缇萦,是齐地区的人,是太仓县官淳于意的小女儿。淳于意有五个女儿,但没有儿子。后来淳于意犯法被定了罪,应当受到刑罚,皇上下诏把他逮捕押解到长安。淳于意临走时,骂几个女儿说:"我只生了女儿,没有生儿子,一旦有紧急情况,就没有帮得上忙的啊。"淳于缇萦听了很难过,哭了起来,于是跟着父亲到了长安,写了一封文书呈给皇上,说愿意给官家做奴婢,来赎父亲的罪,让他得以改过自新。皇帝很怜悯她的孝顺,就下诏把肉刑除掉了,淳于意就被免了罪。

二十七 曹娥投江

[原评] 曹娥以十四龄之弱女子,沿江哭父,十有七日不绝声。投江五日,竟能负尸以出,不亦奇乎？吕坤谓:"其至诚所感,江神效灵。千古谈及,尚使人挥泪。江名曹娥,万古流芳矣。"

二十七 曹娥投江

【原文】 汉曹盱女娥,上虞人①。盱为巫②,能弦歌。汉安二年端阳日③,迎潮神于舜江,逆涛而上,为水所没,不得其尸。娥年十四,沿江号哭,昼夜不绝声。旬有七日④,乃投衣祝水⑤,视衣所沉处而自投焉⑥。经五日,抱父尸出浮水面。官令葬之,立碑为识⑦,后世因名为曹娥江。

【注释】 ①上虞:在今浙江绍兴市东部。②巫:巫师,用歌舞迎神的人。③汉安:汉顺帝年号。④旬:十天。⑤投:扔,掷。祝:祷告。⑥投:跳进去。⑦识:标志。

【译文】 汉代曹盱的女儿叫曹娥,是上虞人。曹盱是巫师,能唱歌迎神。汉顺帝汉安二年的端午节,他到舜江去迎接潮神,逆着波浪冲上去,结果掉水里被水淹没了,尸首也找不到。曹娥才十四岁,沿着江岸哭,日夜不停地哭。十七天之后,曹娥就把衣服扔到水里,向江水祷告,然后看着衣服下沉的地方,自己也跳下去。过了五天,曹娥的尸首抱着父亲的尸首浮出水面了。县官让人把父女俩都葬了,还立了一块石碑做纪念的标志,后世因此就把这条江叫做曹娥江。

二十八　赵娥复仇

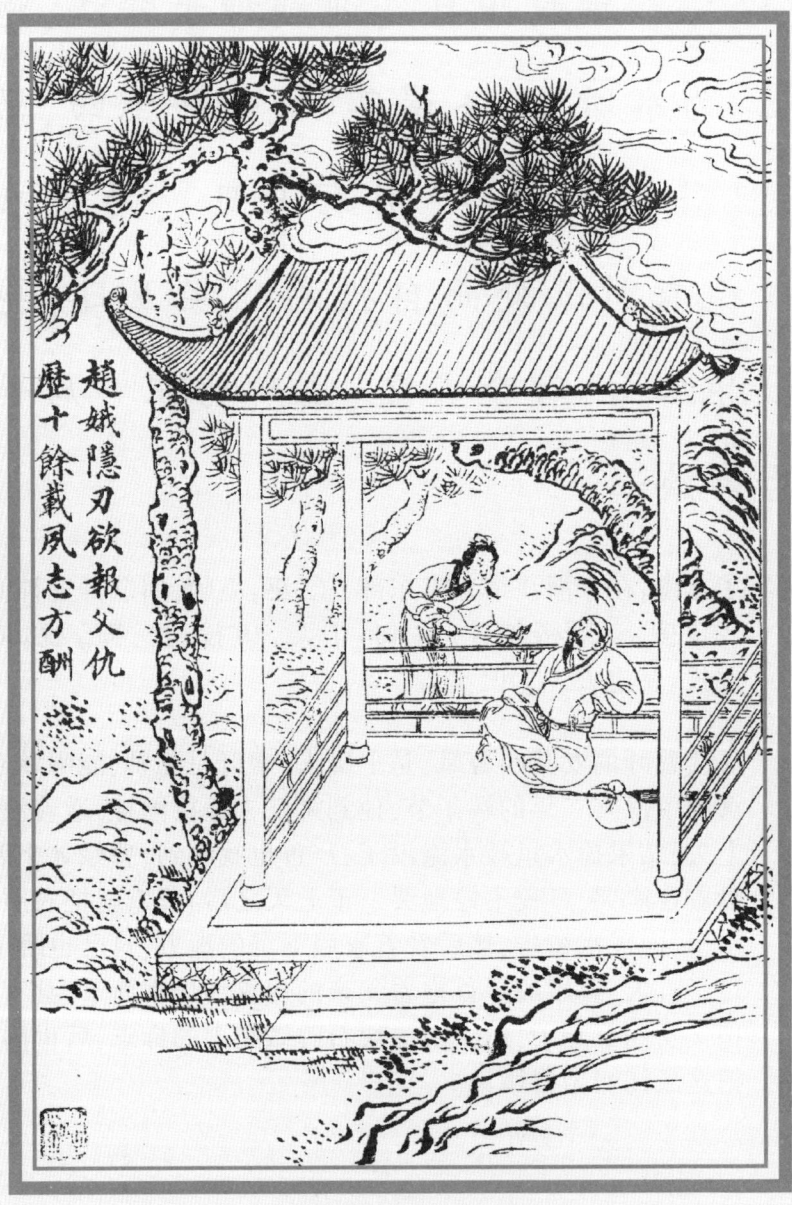

赵娥隐刃欲报父仇
历十馀载夙志方酬

【原评】吕坤曰："十余年耻共戴天，娥也不亦孝乎？都亭能杀父仇，娥也不亦勇乎？既杀愿甘受刑，娥也不亦公乎？此丈夫行而出于女身，今之人而古人心者也，可不敬乎？"

【原文】汉赵君安女娥，酒泉人①。父为同县李寿所杀，娥兄弟三人皆欲报仇，不幸俱死。寿窃喜，置酒自贺。娥闻而感愤，隐刃以候之。历十余年，遇于都亭②，刺杀之。诣县自首③，县长尹嘉义之，欲与俱亡④，娥不肯。会赦⑤，得免。郡表其闾⑥，同郡庞子夏慕其名，娶为妇，生子堉，仕晋⑦。

【注释】①酒泉：在今甘肃西北部。②都亭：都邑中的传舍。③诣：到。④亡：逃。⑤赦：免除和减轻刑罚，此处指由朝廷下令对全国罪犯普遍赦免或减刑。⑥闾：门户。⑦仕：做官。

【译文】汉代赵君安的女儿叫赵娥，是酒泉人。她父亲被同县的李寿杀害了，赵娥的三个兄弟都想为父亲报仇，不幸的是三人都死了。李寿暗暗高兴，摆了酒席为自己庆贺。赵娥听说了，很愤慨，就藏了一把刀一直等着报仇的机会。过了十几年，赵娥在都亭遇到李寿，就把李寿刺死了。赵娥到县衙自首，县官尹嘉觉得她很有情义，要和她一起逃走，赵娥不肯。刚好遇上朝廷大赦，赵娥得以免罪。郡里旌表她的门户，表彰她的孝顺。同郡的庞子夏仰慕她的英名，就娶她为妻，生了一个儿子叫庞堉，后来在晋朝做官。

二十八 赵娥复仇

二十九 杨香搤虎

晋有杨香虎曳其父向前搤之得脱於虎

【原评】吕坤谓："惟义能勇。胆莫怯于女子,力莫弱于闺门之少年,猛憨(猛憨:凶猛而呆笨)多力,莫强于噬人之虎。香也乃能搤其颈而救父以生,向非孝念迫切,奋不顾身,以勇以力,岂能敌哉？然香之心,则从父俱死,亦无恨(恨:遗憾)矣。"

【原文】晋杨丰之女名香,年十四岁时,随其父刈稻于田间①。偶遇一虎来噬其父②,时香手无寸铁,惟知有父而不知有身,踊跃向前③,搤持虎颈④。虎大惊,弃丰而奔逸⑤,父遂得免于害。太守孟肇闻之,上其事于朝廷,下诏以旌其门闾。

【注释】①刈:割。②噬:咬。③踊跃:跳跃。④搤:同"扼",掐。⑤逸:逃跑。

【译文】晋代杨丰的女儿叫杨香,十四岁的时候,跟随父亲在田里收割稻子。突然遇到一只老虎要咬她父亲,当时杨香手里一件武器都没有,她好像心里只知道有父亲而不知道有自己的身子一样,冲上前,掐住了老虎的脖子。老虎很惊慌,就把杨丰丢下逃跑了,杨丰幸免遇害。太守孟肇听说了这件事,就上奏到朝廷,皇上即下诏旌表杨香的门户。

二十九 杨香搤虎

三十 木兰从军

隋魏木蘭從軍代父一十二年歸來如故

【原评】吕坤谓："世之君子,瓜李之地不敢顾其衣冠。夫惟不可试,故不敢以自试,不自信,故不足以信人。若木兰者,人何尝有失身之议哉？三军之众,十二年之久,人且不知其为女也,又何从而议之耶？"

【原文】隋魏木兰,亳城东魏村人①。恭帝时②,突厥扰边③,朝廷募兵④。其父当从征,老病不能行,弟幼弱,木兰乔妆代父从军⑤。历十二年,经十八战,人终不知为女子。后凯旋⑥,恭帝嘉其功⑦,除尚书郎⑧,不受。归至家,释戎服⑨,衣旧裳⑩,赋戍边诗一篇以见志⑪,后人多传诵之。

【注释】①**魏木兰**:即花木兰,关于其故里,众说纷纭,《大清一统志》说她是谯郡东魏村人,河南《商丘县志》说她是丘花宋村人。②**恭帝**:隋恭帝杨侑,隋炀帝杨广之孙,隋朝最后一位皇帝。③**突厥**:公元六世纪活跃于金山一带,因金山形似战盔,俗称"突厥",因以名其部落。④**募**:招募。⑤**乔妆**:假扮。⑥**凯旋**:打仗胜利回来。⑦**嘉**:赞扬。⑧**除**:任命官职。⑨**释**:放下。**戎服**:军服。⑩**衣**:穿。⑪**戍边**:守卫边疆。

【译文】隋代的魏木兰,是亳城东魏村人。隋恭帝的时候,北方突厥经常骚扰边疆,因此朝廷向社会招募兵丁。魏木兰的父亲本该应征当兵的,但是年老多病没法去,而木兰的弟弟又太小,也很柔弱,因此魏木兰假扮成男人的样子,代替父亲去当兵。就这样过了十二个年头,经历了十八次战争,人们始终不知道她原本是女子。后来打仗胜利回来了,恭帝赞扬木兰有功劳,任命她做尚书郎,木兰没有接受。她回到家,脱掉了军服,穿回从前的衣服,作了一首戍边诗记录这件事,后代很多人都传诵这首诗。

三十一　崔唐乳姑

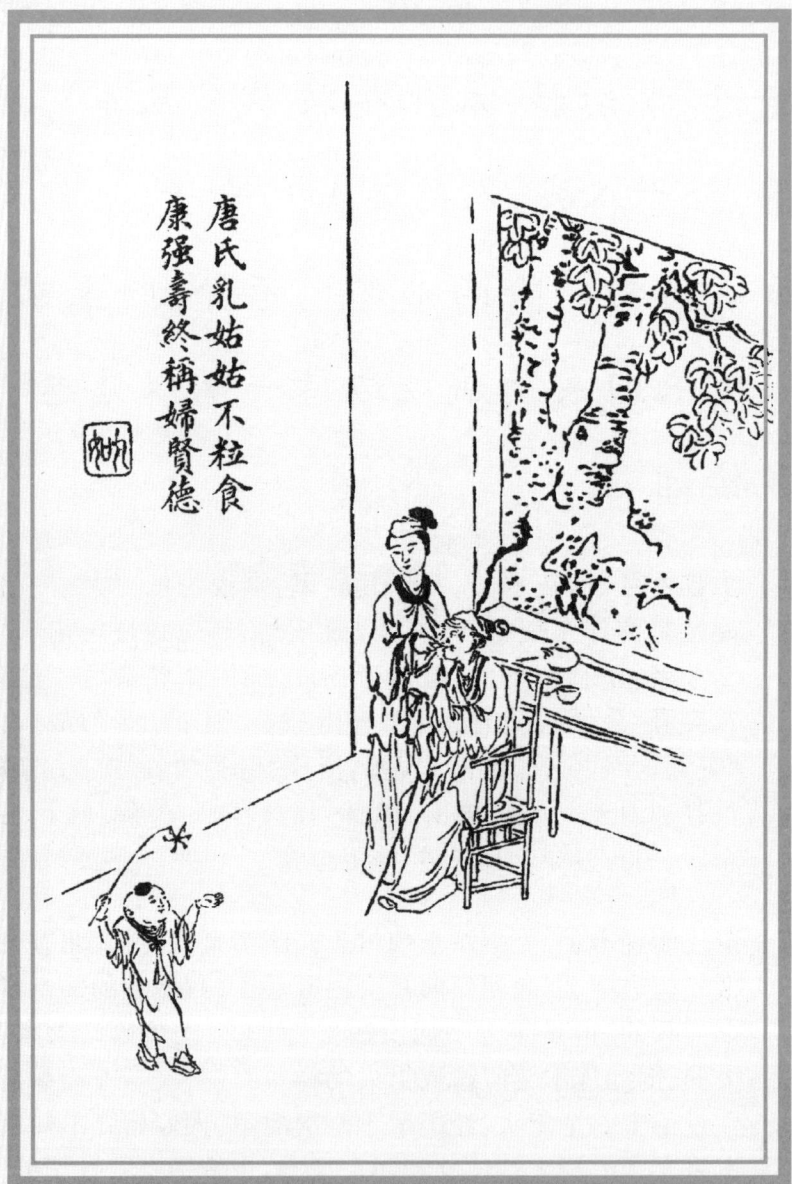

唐氏乳姑姑不粒食
康强寿终称妇贤德

【原评】吕坤谓:"妇事姑,菽水(菽:音shū,豆的总称。菽水:指晚辈对长辈的供养)时供,不失妇道,即以孝称矣。日竭甘旨(甘旨:美味的食物),极意承欢(承欢:侍奉父母,博取欢心),姑不能食,亦付之无可奈何耳。乃夺子乳以乳姑,非真心至爱,出于自然,何能思及此哉?是故有孝亲之心,不患无事亲之法。"

【原文】唐崔山南曾祖母长孙夫人①,年高无齿。祖母唐夫人每日栉洗②,拜于阶下,升堂乳其姑③。姑不粒食数年而康。一日疾病,长幼咸集。乃宣言无以报新妇恩④,愿子孙妇如新妇孝敬足矣。后博陵诸崔,历台阁藩镇者数十人⑤,天下推为仕族之冠。

【注释】①崔山南:名字叫崔琯,他做官做到了山南西道节度使,所以叫他崔山南。②栉:梳头。③姑:婆婆。④新妇:儿媳。⑤台阁:尚书台,泛指大官府。藩镇:地方长官,唐朝时指节度使,即各州掌管军政、民政、财政的官。

【注释】唐代有个山南西道节度使叫崔琯,他的曾祖母长孙夫人年纪很大了,已经没有了牙齿。崔琯的祖母唐夫人每天梳洗完之后,就到堂前拜见婆婆,再上堂来给婆婆喂奶。因此她婆婆虽然不能吃饭,但因为几年来一直喝奶,身体依然健康。直到有一天忽然生病了,家中老的小的都集中起来。于是长孙夫人对他们说,我没有东西可以报答儿媳的恩情,但愿子子孙孙的媳妇都能一直像我儿媳一样孝敬,就足够了。后来博陵这个地方姓崔的人,做尚书和做节度使的有几十人,因此这里的崔家被天下推崇为做官最多的家族。

三十一 崔唐乳姑

三十二 张李丐养

唐张李氏 扶姑乞食 拒聘挥银 贞孝尽职

【原评】乞丐苦矣，以女子而乞丐尤苦。以丐养姑，难矣，而丐养瞽姑，则尤难。瞽而躁且愎，动辄咒骂，诚至苦至难矣。以有色有才之妇，事且瞽且愎之姑，处至苦至难之境，卒能终养其姑，此最可钦可佩者也。

【原文】唐丐妇张李氏，有姿色。年三十余，扶瞽姑行丐①。姑性躁而愎②，动辄咒骂③。有富翁乘间以百金为聘④，妇正色曰："我愿随姑饿死，誓不再嫁。"常有少年馈银及衣饰⑤，欲诱之。妇斥骂，挥银物于地。姑病殁，妇竭力殓埋⑥。遂削发为尼⑦，至八十八岁，端坐念佛而逝。

【注释】①瞽：瞎。②愎：固执任性。③动辄：动不动就。④乘间：利用机会。⑤馈：赠送。⑥殓：把尸体装入棺材。⑦尼：尼姑。

【译文】唐代有个女乞丐张李氏，长得漂亮。年纪三十多岁了，扶着她瞎了眼的婆婆去乞讨。她婆婆性子很急躁，也很固执，动不动就骂她。有个富翁趁这个机会要用一百两金子做聘礼去娶她。张李氏脸色严肃地说："我情愿跟着婆婆饿死，发誓不会再嫁人了。"还常常有年轻男子送她银子和衣服首饰，想要引诱她。但她把他们骂了，把银子、衣服首饰都扔到地上。后来婆婆病死了，她尽了自己的能力把婆婆安葬了。然后剃了头发去做了尼姑，一直活到八十八岁，她是端正地坐着，念着佛经，这样去世的。

三十二 张李丐养

三十三　小娥杀贼

谢氏小娥诡服报仇
托庸盗窟有勇有谋

[原评] 吕坤曰："小娥之节孝无论，至其智勇，有伟丈夫所不及者。娥许聘未嫁，一柔脆女子耳。谁为之谋，又何敢与他人谋？乃托身于危身之地，竟遂其难遂之心，何智深而勇沉耶？可谓之女留侯矣。"

【原文】 唐谢小娥,幼有志操,许聘段居贞①。父与居贞为商,被盗申春、申兰所杀。小娥饮恨密探②,乔妆为男③,托佣申家。乘群贼酣醉④,兰卧庭前,春卧内室,小娥潜锁春于内,抽佩刀先断兰首,大呼捕贼。邻人擒春,诉之太守,得赃巨万,党与悉就戮⑤。小娥削发为尼,分文不取。

【注释】 ①许聘:女方接受男方的聘礼,答应婚事。②饮恨:抱恨却没法陈诉。③乔妆:假扮。④酣醉:大醉。⑤就戮:被杀。

【译文】 唐代的谢小娥,很小的时候就很有志向和节操,许给了段居贞做未婚妻。谢小娥的父亲和段居贞去做生意,被强盗申春、申兰杀害了。谢小娥心里痛恨极了,悄悄地探听强盗的下落,然后假扮成男人,去给申家做佣人。有一次趁着强盗们喝得大醉,申兰躺在庭前,申春躺在内室,她就偷偷把申春锁在屋里,抽出佩刀割下了申兰的头,然后大叫着捉强盗。于是周围的邻居跑过来捉住了申春,把他告到太守那里去,最后在强盗那里搜出了好几万的巨额贼赃,又把强盗的同党都杀掉了。谢小娥剃了头发去做尼姑,一分钱也不要。

三十三 小娥杀贼

三十四　志女求鱼

【原评】父母有儿，本欲为养。女亦称子，岂可不知养乎？崔女能养，更能独任其难。观求鱼一事，不因兄弟见阻而不行，诚所谓志坚气果者也。世有身为男儿，事亲之志，竟夺于妇人，特志不坚，气不果耳。

【原文】宋崔志女,禹城人①,性孝。冬日,母病久,思食鱼,冰坚不可得。女欲效王祥故事,兄弟止之。女曰:"兄等以吾女子,竟不能为耶?"遂焚书告天,同乳母至河畔,解衣,破冰入水,索枯草根。凡十日,得三鱼,归奉母。或问何不畏寒②,女曰:"志坚气果③,不复知寒也。"

【注释】①禹城:故址在今山东省德州市。②或:有人。③果:坚决。

【译文】宋代崔志有个女儿,是禹城人,天性孝顺。冬天的时候,她母亲病了很久,想吃鱼,但是河水已经结了很坚固的冰,没办法得到鱼。她就想效仿曾经破冰求鱼的王祥,她的兄弟就阻止她。她说:"哥哥们以为我是个女子,就没办法做到吗?"于是她写了一封书对着天烧掉,以此祷告上天,之后就跟乳母来到河边,脱掉衣服,打破河冰下了水,摸索着河底枯草的根。就这样一共有十天,她抓到了三条鱼,拿回家给母亲吃。有人问她为什么不怕冷,她说:"只要志向坚定,精神坚决,就不再觉得冷了。"

三十五　顾张待雷

顾妻张氏
当遭雷击
一念孝心
神赦凤擘

【原评】雷殛三世，佛经言之详矣。张氏前世污秽字纸，罪有应得。今生孝事其姑，律尚难逃，乃以临死不忍惊姑之一念，得免罪而延寿，人亦何乐而不效之哉？

【原文】宋顾德谦妻张氏,事姑孝①。梦神示以前生污秽字纸,应遭雷殛②,因病死不及,今生当于明日击死。氏心疑之。翌晨③,雷声果巨。氏知定数难回④,恐惊其姑,乃出门跪桑下待死。忽闻空中有神曰:"此孝妇也,当延寿三十年。"霎时雨收云散⑤,乃归。

【注释】①姑:婆婆。②殛:杀死。③翌:明天。④定数:注定的事情。⑤霎时:极短的时间。

【译文】宋代顾德谦的妻子张氏,侍奉婆婆非常孝顺。有一晚梦到神告诉她说,她前世污秽了字纸,应当被雷劈死,因为先病死了,来不及雷击,所以今世就应该在明天被雷击中而死。张氏对此很疑惑。第二天早晨,雷声果然很大。张氏知道注定的事情是难以挽回的,怕吓到婆婆,就出门跪在桑树下等死。忽然听到空中有神说:"这是个孝顺的媳妇,应当给她的寿命再延长三十年。"瞬间雨就停了,云也散了,张氏依然平安回到了家里。

三十六 詹女仁智

宋詹氏女計脱父兄從賊數里投水全貞

【原评】 吕坤谓:"死天下事易,成天下事难。故圣人贵德,尤贵有才之德。詹女委曲数言,忍死数里,而父兄俱脱于兵刃之下。向使骂贼不屈,阖(阖:全)门被害,岂不烈哉?而一无所济,智者惜之。若詹女,可为处变法矣。"

【原文】 宋詹氏女,芜湖人。幼从父受经①,尝手钞《列女传》②,夜必熟诵数回而寝。年十七,淮寇破芜湖③,执其父兄,将杀之。女泣拜曰:"妾虽窭陋④,愿相从,赎父兄命。"贼允之。女挥手谓父兄曰:"速行,无相念,我得侍将军,足矣。"随贼行数里,过市东桥,跃入水中死,贼众骇而去⑤。

【注释】 ①受经:跟从老师学习经书。②钞:同"抄"。《列女传》:一般认为是西汉刘向所作,是一部介绍古代妇女行为的书。③淮寇:指金朝末年李全的起义军。④窭:贫穷。⑤骇:震惊。

【译文】 宋代,詹家有个女子,是芜湖人。她从小就跟着父亲学习经书,曾经手抄了《列女传》,晚上一定要熟读几遍才就寝。十七岁那年,淮河一带的起义军攻破了芜湖,捉了她父亲和哥哥,要杀死他们。她就哭着跪拜起义军说:"我虽然又穷又丑,但我愿意跟你们走,来赎我父亲哥哥的命。"那些人答应了。她挥手对父亲哥哥说:"快点走吧,不要挂念我,我能够同将军们一起走,已经心满意足了。"于是跟着军队走了几里路,经过市东桥的时候,就跳到水里去死了。起义军都很震惊,然后离开了那里。

三十七　妙真祝寿

元葛妙真持斋守贞终身养母戒杀长生

【原评】吕坤谓："葛妙真笃母女之情，废夫妇之道，可谓卓绝之行，纯一之心矣。然惟以放生而延母之生，始克有济。盖天地之大德曰生，故大德者必得其寿。人定胜天，孰谓命禀(禀：音bǐng，赋予，接受)于有生之初哉？"

【原文】 元葛妙真,九岁,闻日者言母年五十当死①。妙真忧而祝天②,愿持长斋③,守贞不嫁,日诵大士经以延母寿④。家中不进生物,以腌肉奉母⑤。又以针黹所余⑥,买物放生,劝亲邻少杀,勿溺女婴。见小儿捉弄禽鱼,必劝其父母戒之。邻里感化,救活生命无算⑦。母年八十一而卒。

【注释】 ①日者:占卜的人。②祝:祈祷。③斋:素食。④大士:菩萨。⑤腌:用盐浸渍食物。⑥黹:缝纫,刺绣。⑦无算:无数。

【译文】 元代的葛妙真,九岁的时候,听占卜算命的人说她母亲五十岁就要死。妙真很担忧,就向天祷告,愿意一直吃素,不嫁人,每天都念诵菩萨经书,以求延长母亲的寿命。家里不放活的食物,只拿腌肉去侍奉母亲。又把做针线活多出的钱去买动物来放生,还劝亲戚邻居要少杀生,不要淹死女婴。看到小孩子捉鸟、鱼来玩,她一定劝小孩子的父母阻止这种行为。邻里受到她的感化,救活了数不清的动物。她母亲一直活到了八十一岁才去世。

三十八 赵妇感火

赵妇姑老
鬻子买棺
邻火大泣
孝感平安

【原评】赵孝妇早寡,家贫,佣织于人以养姑,已可称矣。而得美食,必持归以作甘旨,甚至鬻子买棺,以备不虞(虞:预料),其苦心何如也?一言而回风反(反:回转)火,孰谓回禄(回禄:传说中的火神,引申为火灾)无知哉?至诚而不动者,未之有也。

【原文】元赵孝妇,应城人①。早寡,为佣以奉姑②。得美食,必持归,自啖粗粝③。念姑老,一旦不讳④,贫难得棺,乃鬻次子⑤,买棺置于家。南邻失火,风烈,势将及。妇亟扶姑出避⑥,而棺重不可移,大哭曰:"吾卖儿得棺,谁能为吾救之者?"言未讫⑦,风遽反⑧,家遂不焚⑨。

【注释】①应城:又称蒲城,在今湖北孝感市。②姑:婆婆。③啖:吃。粝:粗糙的米。④不讳:死亡的婉辞。⑤鬻:卖。⑥亟:急迫。⑦讫:完。⑧遽:急。⑨焚:烧毁。

【译文】元代有个姓赵的女人,很孝顺,是应城人。很早就守寡了,自己去做佣人来供养婆婆。得到好吃的东西,一定带回家给婆婆吃,自己却吃着粗糙的饭。她想到婆婆年纪老了,一旦哪天去世了,家里太穷买不起棺材。于是她卖掉了第二个儿子,然后买了一口棺材放在家里。有一天南边的邻居失火了,风又刮得很大,大火差不多就要烧到他们家了。她急忙扶着婆婆逃出去,只是那口棺材太重了,没法移动,她就大哭着说:"我卖了儿子才买回来棺材,谁能够帮我把棺材抬出来啊?"话音未落,大风突然就转变了方向,于是他们家就没有被烧到。

三十八 赵妇感火

三十九　储范织席

范氏哭夫
不聞於姑
輒走山谷
織蓆如荼

【原评】夫死姑老家贫，其境至窘(窘：音jiǒng，穷困)，其悲难言。哭夫不使姑闻，其心更苦，其事可怜。至取草织席以养姑，姑死复庐守墓旁，则其得席草也，享大年也，谓非天之报施(报施：报答，赐予)不爽(不爽：没有差错)耶。

【原文】明靖难兵起①,储福义不从叛,号哭不食死。妻范氏,事姑甚谨②。每哭夫,辄走山谷中发声,不使姑闻。苦节行孝③,邻里称之。家甚贫,至无以生存。一日,就磵边浣衣④,见旁生席草,因取以织席,售而养姑。姑死,庐守墓旁⑤。年八十余乃卒,席草遂不复生。

【注释】①靖难:平定叛乱。这里指燕王朱棣发动的靖难之役。②姑:婆婆。谨:恭敬。③苦节:坚守节操,矢志不渝。④磵:同"涧",溪水。浣:洗。⑤庐守:搭屋子守护。

【译文】明代燕王朱棣发动了靖难之役,有个叫储福的人坚守正义,不愿跟随他叛乱,于是号哭着不吃东西,尽忠死了。他妻子姓范,侍奉婆婆很恭敬。每次哭丈夫的时候,她都会自己跑到山谷里才敢放声大哭,为的是不让婆婆听到。她坚守节操,极为孝顺,邻舍都称赞她。她家里非常穷,就要到无法生存的地步了。有一天,她到溪边洗衣服,看到溪边长有席草,就采下来织成了席子,拿去卖来供养婆婆。婆婆死了之后,她就在坟墓旁边搭茅屋住,守护坟墓。她一直活到了八十几岁才死,她死后溪边的席草就不再长出来了。

四十 王陈剖肝
sì shí wáng chén pōu gān

【原评】割己肝以代龙肝，一念迫切之情，足以动天地、感神明。然而圣贤未尝为者何？道不出于中庸，在人子自尽则可，以之示训，则不可也。若陈氏者，其孝诚莫及矣，故录之，以愧(愧：音kuì，同愧)世之轻视舅姑者。

【原文】明王宗洛妻陈氏，夫客于外，姑老病笃①。妇日夜焚香告天，愿减己寿以益姑年。医言惟龙肝可救，妇乃祷灶前，割己肝代之，姑食而愈。周抚旌其门曰②："奇孝格天③。"后妇寿百有八岁④，五世同堂。一日，召集家人曰："我将升天堂，金童玉女来迎矣。"言讫而逝。

【注释】①笃：病重。②周抚：姓周的巡抚。③格：感通，感动。④有：通"又"，表零头。

【译文】明代王宗洛的妻子姓陈，丈夫客居他乡，婆婆年纪老了，还生了重病。陈氏日夜烧香向上天祷告，愿意减掉自己的寿命去增加婆婆的寿命。医生说只有龙肝可以救她婆婆，她就在灶前祷告，割出自己的肝来代替龙肝，婆婆吃了之后病就好了。一个姓周的巡抚就在她门前旌表，说她极度的孝顺感动了上天。后来她活到一百零八岁，家里五代同堂。有一天，她把家人都叫过来，说："我就要上天堂去了，金童玉女已经来迎接我了。"话说完就去世了。

四十 王陈剖肝

四十一 赵王辟疫

赵媳王氏
被谮逐回
姑病遽返
辟疫消灾

[原评] 疫之传染力甚速,亦可辟乎?乃王氏以被出之妇,而其心仍只知有姑,不遑顾疫,固请于父母,毅然归侍,其浩然之正气,自足以辟除百邪。宜乎诸神拥护,群鬼尽散也。

【原文】明赵媳王氏，其翁与夫皆客外①。姑周氏听小姑言②，辄虐之③，氏顺受无怨。邻妇力劝，姑疑媳所为，逐回母家。适逢大疫，姑与小姑均病危，亲戚不敢过问。氏闻之，急归，跪灶前割股，煎汤以进。闻鬼语曰："孝媳头上有红光一丈，诸神拥护，速去速去。"言讫寂然，姑病遂愈。

【注释】①翁：公公，丈夫的父亲。②姑：婆婆。小姑：丈夫的小妹。③辄：就。

【译文】明代一户姓赵人家的媳妇王氏，她公公和丈夫都客居在外。姓周的婆婆听信小姑的谗言，动不动就虐待她，但她一直承受着，不曾抱怨。邻居有个妇人努力地劝她婆婆，婆婆却怀疑是媳妇让她来劝的，就把媳妇赶回娘家去了。刚好碰上了很严重的瘟疫，婆婆和小姑都病得很重，亲戚们都不敢去关心照顾。王氏听说了这件事，急忙赶回去，跪在灶前，割下自己股肉，煎汤给婆婆小姑喝。她听见有鬼在说："这个孝顺媳妇头上有一丈高的红光，有诸位神明保护，我们快走快走吧。"话说完就静下来了，而婆婆的病也就好起来了。

四十二 王周典衣

明王周氏姑病绝粮典衣医治天赐金藏

【原评】时值岁荒，纺绩无利，借贷无门，姑病典罄，医药维艰，危之至矣。周氏乃脱身上青衫以典钱，只知有姑，不知有己，其心为何如乎？姑病得愈，富贵齐来，冥冥中报施不爽，盍（盍：何不）共勉旃（旃：音zhān，助词，相当于"之"）？

【原文】明王槐庭妻周氏，事姑尽孝。遇岁荒，纺绩无利①，借贷无门，粮罄姑病②，衣饰已典尽③，周乃脱身上青衫，嘱夫典钱，延医购药④，不顾己身冻饿。姑寻愈⑤。后忽于菜园中锄地，得窖银钜万⑥。子三，一登科⑦，二入泮⑧。寿九十五，无疾而终。

【注释】①纺绩：把丝、麻等纺成纱或线。纺指纺丝，绩指缉麻。②罄：尽。③典：典当。④延：请。⑤寻：不久。⑥窖：收藏在地窖里。钜：同"巨"。⑦登科：科举考试被录取。⑧入泮：学童入学成为生员，俗称秀才。

【译文】明代王槐庭的妻子周氏，侍奉婆婆很孝顺。有一年田地没有收成，纺织没有钱可赚，借债又没有地方可借，米已经吃完了，婆婆又生了病，衣服首饰都已经典当完了，周氏就脱下身上的青衫，嘱咐丈夫拿去典当，把钱用来请医生和买药，而不管自己又冷又饿，婆婆的病很快就好了。后来周氏在菜园里锄地，发现地里藏着几万两银子。周氏有三个儿子，有一个科举高中了，两个中了秀才。周氏活到了九十五岁才去世，没有生一点病。

四十三 兰姐善谏

兰姐阿家,
常骂祖姑,
童媳跪谏,
好作规模。

【原评】兰姐,一十二龄之童养媳耳,乃能深明大义,谏姑于夜静,不使人知。且垂涕泣而道之,使其姑竟能自反(反:反省),顿改前行,可谓善谏矣。人能学兰姐之善谏,则天下无不可化之姑,而谓姑恶云乎哉!

【原文】明童养媳兰姐①,年十二,见其姑常与祖姑口角②,辄骂老而不死为厌物。兰姐乃于夜静,泣跪姑前曰:"姑与祖姑口角,示人榜样。日后姑老,人亦视为厌物,奈何③?人孰不老?修短有数。媳愿姑亦如祖姑之寿也。"姑感悟而孝。兰姐后生五子,两登科甲④。

【注释】①童养媳:由婆家自小养育、直到成年正式结婚的女孩。②祖姑:丈夫的祖母,即婆婆的婆婆。口角:吵架。③奈何:怎么办。④科甲:科举。

【译文】明代有个童养媳妇叫兰姐,十二岁的时候,她看见婆婆常与太婆吵架,婆婆动不动就骂太婆是老而不死的讨厌东西。她就在夜深人静的时候,哭着跪在婆婆跟前说:"婆婆和太婆相骂,给别人做了一个榜样。将来婆婆老了,别人也把婆婆看成讨厌东西,那婆婆怎么办呢?有谁可以不老呢?寿命长还是短,都是注定的。媳妇希望婆婆也像太婆一样长寿。"婆婆听了之后觉悟了,从此对自己的婆婆很孝顺。兰姐后来生了五个儿子,有两个科举高中了。

四十三 兰姐善谏

四十四　夏王糟糠

明夏王氏，纺织度荒，奉姑甘旨，自食糟糠。

[原评] 勤纺织以易(易:换)钱，奉翁姑以肴膳，而自奉仅为糟糠野菜，以一身而兼尽子妇两职，宜其多寿而升仙也。同邑某贡生过门三揖，亦使人知尽孝者为人敬重，则不孝者当自愧而知改耳。

【原文】明夏诚明妻王氏，无锡农家妇也。家贫岁荒，夫出外。氏日夜纺织，力备肴膳奉翁姑①，自以糟糠和野菜充饥②。其姑偶入厨下，见而垂泪。后氏享寿八十余，无疾而逝。家人梦寐中，恍见有旌幢鼓乐迎孝妇去③。同里贡生某④，每过氏门，必于门外三揖以致敬焉⑤。

【注释】①肴：熟肉食。②糟糠：酒渣、谷皮等粗劣食物。③恍：恍惚。幢：旗。④贡生：被推荐到国子监学习的生员。⑤揖：拱手礼。

【译文】明代夏诚明的妻子王氏，是无锡的农家妇女。家里很穷，庄稼年成不好，偏偏丈夫又出门去了。王氏没日没夜地做纺织工作，尽力准备好的饭菜给公公婆婆吃，自己却吃米糠和野菜充饥。有一次她婆婆偶然来到厨房，看到这种情况，不禁流下泪来。后来王氏活到了八十多岁，去世时没有病痛。家人在梦里，恍惚看到有举着旗子、奏着鼓乐的人，来迎接孝顺的王氏走。同乡的一个贡生，每次走过王氏门口，一定在门外行三次拱手礼，表示对她的尊敬。

四十四 夏王糟糠

四十五　陆女悟父

陸女諫父
勿打飛禽
改業得子
祖氏歡心

[原评] 人必有业,陆父以铁铳(铳:音chòng,枪)粘竿弹弓打鸟为业,是执业适以造业(造业:作孽)也。其子痘坚黑如铁弹子,冥冥中已示之矣。而陆女泣告,感悟其父,更能誓不出嫁以代子职,孝哉女也。

【原文】明陆氏女，父常打鸟。弟三岁患痘，坚黑如弹子①，号痛而死。时女年十六，跪父前泣曰："父杀孽已多，致弟死。再不悛②，恐绝嗣矣③。"父悟，悉焚凶具，并戒杀、放生、惜字。女以父母无子，誓不出嫁以养亲。越九年，父梦祖抱婴儿来曰："若非孙女感格，几绝我宗矣。"后果生一子。

【注释】①弹子：弹丸，枪弹。②悛：悔改。③嗣：子孙。

【译文】明代一个姓陆的女子，她父亲常常去打鸟。她三岁的弟弟长了痘子，又硬又黑，像弹丸一样，喊痛了几天死了。当时这个姓陆的女孩十六岁，她跪在父亲的跟前，哭着说："父亲经常打鸟，杀孽已经很多了，弟弟因此死去。父亲如果再不悔改，恐怕就不会有传宗接代的儿子了。"听了这话，她父亲悔悟了，把打鸟的工具都烧掉，并且戒杀、放生、爱惜字纸。她又因为父母没有儿子发誓不出嫁，一生都侍奉父母。过了九年，她父亲梦到祖父抱了一个婴儿来，说："如果不是孙女感动了你，我们家几乎就断了香火了。"后来果然生了一个儿子。

四十六 秀贞谏母

明杨秀贞
劝勿溺女
救妹弟
添祖
告梦语

【原评】按,秀贞之母生子时,其父梦其祖告之曰"第四女若不留养,则此儿断不能生"云云。是知秀贞跪禀之言,皆由一片肫(肫:音zhūn,诚恳真挚)诚,油然天性,故得以延杨氏之脉,孝之所感大矣哉!

【原文】明杨秀贞之母，生三女，无子。又生女，愤极，溺之。秀贞年十三，急抱起跪禀曰①："母望子而杀女，愈不得子。如虑赔嫁②，则以嫁儿者嫁此妹，可也。"祖母骂其不知世事。秀贞又跪禀曰："祖母朝朝念佛，今见死不救，念佛何用？"祖母亦感悟，遂留养。越二年，果生一子。

【注释】①禀：向上级或长辈报告。②赔嫁：嫁妆。

【译文】明代杨秀贞的母亲，生了三个女儿，没有儿子。第四胎又生了一个女婴，非常气愤，就要把新生的女婴淹死。杨秀贞那时十三岁，急忙把女婴抱起来，跪在母亲跟前说："母亲想生儿子却杀掉女儿，这样就越是没法生儿子了。如果母亲是担心将来嫁妆的开销，那就把以后我的那一份嫁妆给这个妹妹出嫁吧。"她祖母骂她不懂世事。杨秀贞又跪着跟祖母说："祖母天天念佛，现在见死不救，念佛又有什么用呢？"祖母因此也觉悟了，就把女婴留下抚养。过了两年，杨秀贞的母亲果然生下一个儿子。

四十七 吴冯感化

吴妇冯氏
继姑虐之
顺受化娣
姑悟而慈

[原评] 引咎自责，男子所难，何论女子？冯氏本身作则，化其二娣（娣：音dì，丈夫的弟媳），并化及继姑。夫虞舜大孝，即是怨慕二字。孰意三千余年后，尚有冯氏其人。向使读书闻道，何难媲美古圣耶？

【原文】明吴子桂妻冯氏,家贫,勤力奉养。继姑张氏常辱詈①,顺受无怨。邻妇相约劝其姑,冯止之曰:"姑之詈我,由我不能适姑意②。若来劝,则彰姑之过③,罪莫大焉。"子桂二弟,各娶妇,姑亦虐之。二媳欲自缢④,冯委曲劝止⑤,相率执妇道有加,姑渐悔悟。二媳感冯再生恩,事如母。

【注释】①继姑:丈夫的继母。②适:合。③彰:显示。④自缢:上吊自杀。⑤委曲:委婉。

【译文】明代吴子桂的妻子冯氏,虽然家里很穷,但她非常勤劳地奉养着长辈。他的继婆婆张氏常常辱骂她,可她一直承受着没有怨言。邻居的妇女相约要来劝她婆婆,被她阻止了,她说:"婆婆骂我,是因为我不能满足婆婆的心意。如果你们来劝解,就表示那是婆婆的过错,那我的罪过就大了。"吴子桂两个弟弟都已经娶妻了,婆婆也虐待她们。那两个媳妇就想上吊自杀,冯氏委婉地劝解她们,她们才打消了寻死的念头。从此她们几个更加地守妇道。婆婆也渐渐悔悟了。两个媳妇感谢冯氏有再生的恩情,把她当母亲一样看待。

四十七 吴冯感化

四十八　吴孙劝夫

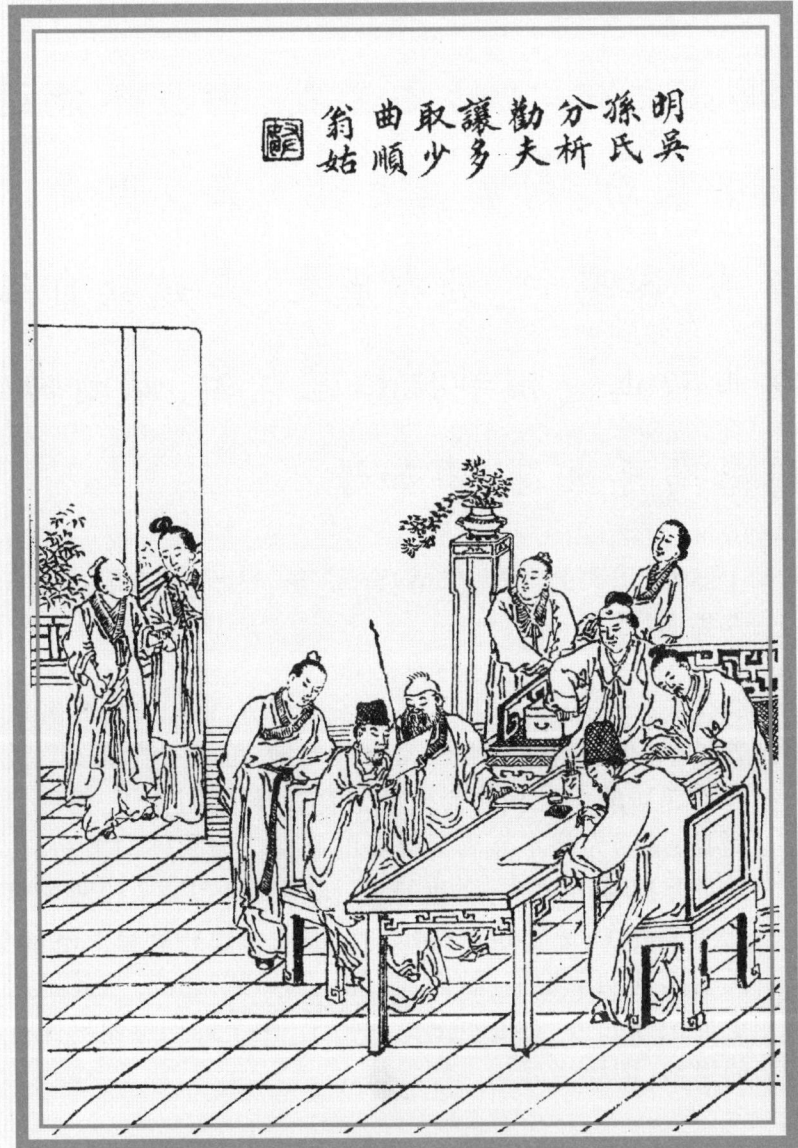

明吴孙氏，分析劝夫，让多取少，曲顺翁姑。

【原评】夫不耐虐，孙劝之。夫欲分金，孙劝之。夫弟以赌败业，继姑不能生存，孙又劝夫迎养，为弟戒赌，仍与合爨。如此感化，傲弟能不悔过为善乎？而孙氏后生三子，皆登科甲，人其各尽曲顺之心也可矣。

【原文】明吴子恬继母唐氏，爱己子而虐子恬。子恬不能耐，妻孙氏辄劝阻之。父没，唐私藏千金，析产为三，取膏腴田①，留作膳养，分给己子，以荒田与子恬。子恬欲分金，孙又极力劝阻。不十年，弟以赌败业，并膳田卖尽。孙劝夫迎养继母，为弟戒赌，仍与合爨②，弟悔而为善。

【注释】①膏腴：肥沃。②爨：烧火做饭。

【译文】明代吴子恬的后母唐氏，喜欢自己生的儿子，却虐待吴子恬。吴子恬无法忍受了，他妻子孙氏就一直劝阻他。吴子恬的父亲去世了，唐氏私藏了千两银子，把财产分成了三份，拿了肥沃的田地，留作自己养老用，一份分给自己的儿子，把一份荒田分给了子恬。吴子恬想要分唐氏私藏的银子，孙氏又尽力劝阻他。不到十年，吴子恬的弟弟因为赌博，把产业都输光了，连同母亲用来养老的田地也卖光了。孙氏劝丈夫把后母接到家里奉养，又帮助弟弟戒赌，一家人仍然合在一起吃饭，吴子恬的弟弟终于悔过，重新做善良的人。

四十九 文王问安

文王事父
一日三朝
问安侍膳
甘旨丰饶

【原评】周祚(祚:福运)之长,历朝莫及,姬姓之后,百世其昌,皆文王孝德启之也。然文王所行,只是温清定省之常,人人当尽,亦人人所能尽者,所以为庸行也。人莫不有父母,亦孰不愿克昌厥后,曷不效法我先王?

【原文】 周文王姓姬名昌，为世子时①，朝其父王季，日三。鸡初鸣而衣服，至寝门外问安。内竖曰安②，文王乃喜。及日中，又至，亦如之。及暮，又至，亦如之。其有不安，文王色忧，行不能正履。王季复膳，遂复初。食上，必在视寒暖之节③，食下，问所膳，命膳宰曰④："末有原⑤。"应曰诺，然后退。

【注释】 ①世子：诸侯的嫡长子。②内竖：宫里掌管内外通令的小臣。③在：观察。节：节度，程度。这句话的另一种断句是："必在，视寒暖之节。""在"的意思是在王季身旁。④膳宰：进食的人。⑤末：勿。

【译文】 周代的文王姓姬名昌，在他做世子的时候，每天都要三次去朝见父亲王季。清晨鸡刚啼叫的时候他就穿好了礼服，到父亲寝门外问安。宫里通报的小臣回答说他父亲很好，文王才面有喜色。到了正午，他又去问安，还是像之前一样。到了晚上，他又去问安，还是像之前一样。他父亲身体不舒服，文王的脸色就很忧虑，走路的步子都不端正了。等到王季饮食恢复了，文王才恢复原来的样子。饭菜献上去给王季的时候，文王一定视察菜的冷热程度，等吃完饭撤下饭菜的时候，文王就问吃得怎样，又跟进食的人说："不要再上原来的饭菜了。"那个人说好。文王这才退了出来。

四十九 文王问安

五十 武王继述

武王继志不敢有加
冠带养疾达孝无涯

【原评】李文耕谓:"文王事纣,而武王伐商,似非继述矣。然武王即位十三年,恪守臣职,固文王服事之志也。至于纣恶不悛(悛:音quān,悔改),天人交迫,不得已除暴安良,救民水火,道理到至极处,可以仰质文王在天之灵矣。"

【原文】周武王姓姬名发,文王昌之次子也。文王圣孝,武王帅而行之①,不敢有加焉②。文王有疾,武王不说冠带而养③。文王一饭,亦一饭。文王再饭,亦再饭。旬有二日④,乃间⑤。后即位,伐商有天下。与弟周公旦继志述事⑥,事死如事生,事亡如事存,孔子称之为达孝⑦。

【注释】①帅:遵循。②加:超过。③说:脱。④旬:十天。⑤间:病愈。⑥述事:继续前人的事业。⑦达孝:全天下的人都说孝顺。

【译文】周代的武王姓姬名发,是文王姬昌的第二个儿子。文王圣贤又孝顺,武王就遵循他做事,不敢有超过的地方。文王生病了,武王就一直在文王身边服侍他,衣服帽子都不脱。文王吃一碗饭,他也吃一碗。文王再吃一碗饭,他也再吃一碗。过了十二天,文王的病痊愈了。后来武王即位,讨伐了商纣王,得到了天下。他跟弟弟周公旦继承了父亲的志愿和先人的事业,服侍过世了的人像服侍活着的人一样,供奉不在了的人好像他还存在一样。孔子称赞说全天下的人都说他孝顺。

五十一 考叔舍肉

考叔舍肉
諷悟莊公
隧泉見母
其樂融融

【原评】应照谓："惟天下孝子，为能老吾老以及人之老。庄公固有悔心矣，考叔闻而有献，盖逆知公之必赐食，食而舍肉必问，问而后可以一言悟之，遂为母子如初。考叔可谓移孝作忠矣。"

【原文】 周郑颍考叔为颍谷封人①，闻庄公初誓黄泉见母，后悔之，乃有献于公。公赐之食，食舍肉。公问之，对曰："小人有母，皆尝小人之食矣，未尝君之羹，请以遗之。"公曰："尔有母遗，繄我独无②。"颍考叔曰："君无患焉，若阙地及泉③，隧而相见④，其谁曰不然？"公从之，遂为母子如初。

【注释】 ①**封人**：守边疆的官。②**繄**：助词，惟。③**阙**：通"掘"。④**隧**：地道。

【译文】 周代春秋时期郑国的颍考叔，是在颍谷做守边疆的官。他听说郑庄公当初发下了不到黄泉不跟母亲见面的誓言，后来又后悔了，他就称有东西献给庄公，到庄公那里去。庄公赐饭给他吃，他吃饭的时候并不吃肉。庄公就问他为什么不吃肉，他回答说："小人有母亲，小人给的食物她都吃过了，但还没吃过君上赐的食物，所以请求留着带回去给母亲吃。"庄公说："你有母亲可以给东西她吃，只有我没有母亲。"颍考叔说："君上不用担心这个，如果掘地到了泉水，你们在地道里相见，谁说不是黄泉相见呢？"庄公听了他的话，于是他们母子和好如初了。

五十二　伯俞泣杖

> 伯俞杖母悦之
> 常受痛不
> 大泣知母力衰

【原评】李文耕曰："人子之身，父母所育之使日强者也。父母之力，人子所累之使日弱者也。况驹隙(驹隙：白驹过隙，比喻光阴迅速)之景频催，风烛(风烛：风中的烛火，比喻将死的人)之膏(膏：油)易殒，天伦(天伦：父子等天然的亲属关系)聚乐，有能至百年外者乎？韩公母力不能使痛一言，真伤心语，不堪读也。"

【原文】汉韩伯俞,梁人。性至孝。母教素严①,每有小过,辄杖之,伯俞跪受无怨。一日,复杖,伯俞大泣。母讶问曰:"往者杖汝,常悦受之,未尝或泣。今日杖汝,何独泣乎?"伯俞曰:"往者儿得罪,笞尝痛②,知母康健。今母之力,不能使痛,知母力已衰,恐来日无多,是以悲泣耳。"

【注释】①素:向来。②笞:鞭打或棍打。

【译文】汉代的韩伯俞,是梁地的人。生性非常孝顺。他母亲的管教向来很严厉,每当他有点小过错,他母亲就用棍子打他,而他总是跪下挨打,没有怨言。有一天,他母亲又拿棍子打他,他大哭起来。他母亲惊讶地问:"以前打你的时候,你都不会不高兴,从来不会哭的。今天打你,为什么就哭了呢?"韩伯俞说:"以前儿子犯了错,母亲打我是会感觉痛的,所以知道母亲身体很健康。今天打我,母亲的力气已经不能使我感觉痛了,所以知道母亲的力气已经衰退,恐怕以后的日子不多了,所以悲伤得哭起来了。"

五十二 伯俞泣杖

五十三　赵咨迎盗

赵咨迎盗
惟恐母惊
群贼惭叹
不敢横行

【原评】许止净谓："赵咨自孝其亲，何与人事。乃能感化盗贼，甚至叩首愧悔，虽与之而不取，此中感应，非大有不可思议者乎！盖人同此心，心同此理，能尽己之性，即能尽人之性，能尽人性，自能转恶为善矣。"

【原文】 汉赵咨仕至敦煌太守,以病免,还。躬率子孙①,耕农为养。盗尝夜劫之,咨恐母惊,乃先至门迎请,设食,曰:"老母年八十,疾病,须养。乞少置衣粮②,妻子物余,一无所请。"盗皆惭叹,跪而辞曰:"所犯无状③,干暴贤者④。"言毕奔去。咨追以物与之,不及。由是益知名,后拜东海相。

【注释】 ①躬:亲身。②少:稍稍。③无状:行为失检。④干暴:冒犯侵凌。

【译文】 汉代的赵咨,官做到了敦煌太守,因为生病免了官回家。他亲自带领子孙们,耕田奉养母亲。有强盗曾经在夜里来打劫他们家,赵咨怕母亲惊慌,就自己先到门口迎接强盗,摆好饭菜,说:"我的老母亲八十多岁了,身体有病,需要供养。我乞求你们留下稍稍一点衣服和粮食用来供养我的母亲,妻子孩子的东西和其他的东西一点都不敢请求留下了。"强盗们都惭愧感叹,都跪下辞谢说:"我们的行为太无理了,冒犯了贤人。"话说完就都跑了。赵咨追上去要把东西给他们,但已经赶不上了。从此赵咨就更加出名了,后来做了东海相。

五十三 赵咨迎盗

五十四 茅容杀鸡

茅容避雨
樹下彌恭
殺雞供母
不餉林宗

【原评】王应照谓:"《孝经》云:'不敬其亲而敬他人者,谓之悖礼;不爱其亲而爱他人者,谓之悖德。'孝子见得父母至尊无对,客虽显者,究有亲疏之别。故以鸡供母,自以草蔬与客共饭,林宗安能不叹服哉!"

【原文】汉茅容年四十余，耕于野，避雨树下。众皆夷踞①，容独危坐益恭②。郭林宗见而异之，因请寓宿。旦日③，容杀鸡为馔，林宗意谓为己设。既而供母④，自以草蔬与客同饭。林宗起，拜之曰："卿贤乎哉！林宗犹减三牲之膳⑤，以供宾旅。而卿如此，乃我友也。"因劝就学，卒以成德。

【注释】①夷踞：两腿伸直张开坐在地上。形容随便，不拘礼节。②危坐：端坐。③旦日：第二天。④既而：一会儿。⑤三牲：祭祀供品，大三牲是猪、牛、羊，小三牲是鸡、鸭、鱼。这里是指丰盛的饭菜。

【译文】汉代的茅容四十多岁了，在野外耕田，有天遇上下雨，跑到树底下去避雨。其他避雨的人都是伸着脚坐着，只有茅容端坐着格外恭敬。郭林宗看见了，觉得很奇怪，就请求到茅容家住。第二天，茅容杀了一只鸡做饭菜，郭林宗以为是给自己准备的。结果不一会儿茅容就把鸡给了母亲吃，自己跟客人一起吃蔬菜。郭林宗于是起身拜他说："你很贤良啊！我林宗还把供养长辈的大鱼大肉省下来接待客人，而你能够这样做，真是我的朋友。"因此就劝他去读书，后来茅容成为一个德行很好的人。

五十四 茅容杀鸡

五十五　李密陈情

李密上表
乌鸟私情
愿乞终养
帝嘉其诚

【原评】王应照谓："见养祖母，恩德尤深。今也龙钟（龙钟：身体衰弱）老病，可报万一者，正在此时。若不顾祖母之养，而贪爵位之荣，虽勋高竹帛（竹帛：指史书），终是天下罪人。此《陈情表》之所以上也，其言母孙二人更相为命，令人不忍卒读（卒：完。不忍卒读：此指文章悲惨，不忍读完）。"

【原文】晋李密父早亡,母更适人,鞠于祖母刘氏①。武帝征为太子洗马②,诏书屡下,密上表曰:"臣无祖母,无以至今日;祖母无臣,无以终余年。臣今年四十四,祖母今年九十六。是臣尽节于陛下之日长,报祖母之日短也。"帝嘉其诚,赐奴婢二人,并使郡县供其祖母常膳。

【注释】①鞠:抚养。②太子洗马:官名,太子的侍从官。

【译文】晋代的李密,父亲很早过世,母亲改了嫁,由祖母刘氏抚养长大。晋武帝召他去做太子洗马,诏书下来好几次了,李密不肯去,上了一封表说:"臣没有祖母,就不能到今天;祖母没有臣,就不能够终老。臣今年四十四岁,祖母今年九十六岁。这样看来就是我为皇上尽忠的日子还很长,但报答祖母的日子已经很短了。"武帝称赞他的诚心,就赐给他两个奴婢,并让郡县供给他祖母日常的饮食。

五十六 赵志闻声

赵志年少
莫报劬劳
闻父叱犊
涕泪滔滔

【原评】人子贵显,皆由父母积累,而每不能使吾亲眼见成立,最是人子痛处。乃赵志则深痛年少不能即致贵显,使老父不免穷苦,一闻叱犊之声,竟致废书而泣。于以见古人之不可及,总是一段真处。

【原文】晋赵志早起读书,闻父叱犊声①,废书而泣。师问之,答曰:"顷闻叱犊而过者②,吾父也。自恨年少,不能即致贵显,使老父不免穷苦,是以悲耳。"师叹曰:"此念孝思,小子当有造也。"由是用心教之,免其脩金③。及长,郡县辟举④,出仕东辽,有政声。

【注释】①叱:呵斥。犊:小牛。②顷:刚才。③脩金:给老师的酬金。④辟举:征召举荐。

【译文】晋代的赵志,有天早晨起来读书,听到他父亲赶喝小牛的声音,他就放下书哭了。老师问他为什么哭,他回答说:"刚才听到的赶喝小牛走过的人,是我父亲。我恨自己年纪太小,不能立即就显贵起来,还免不了让我年老的父亲过着穷苦日子,所以很悲伤。"老师感叹说:"这是孝顺的念头,这个小孩子理当有成就。"从此老师就很用心地教他,免除了他上交的学费。等到他长大了,郡县就举荐他,他在东辽做了官,政事上有很好的名声。

五十七 范乔哭砚

范乔五岁
捧砚悲酸
以薪遗愧
何盗愧欢
承欢

【原评】以五岁之童儿，而告以祖父弥留一语，謦欬（謦欬：音qǐng kài，谈笑）如闻，一砚手泽（手泽：手汗。后用来称先人的遗墨、遗物等）之存，涕泣不已，洵（洵：实在）可谓永思克孝矣。无怪乎侍奉父疾，始终弗离，且推及其孝于盗薪者。余在母腹，而祖先丧，每读此传，不觉泪涔涔（涔涔：音cén cén，流泪不止）下也。

五十七 范乔哭砚

【原文】晋范乔二岁时,其祖馨临终,抚之曰:"所恨者,不得见汝成人耳。"因以所用之砚与之。至五岁,祖母以告乔,乔捧砚涕泣不已。父粲得狂疾,乔与弟屏弃一切①,专心侍奉,足不出乡,累征不赴②。腊夕③,人盗砍其树,乔佯不闻④,其人愧而归之。乔曰:"取薪以供亲暖,何愧为?"

【注释】①屏弃:废弃。②累:连续。③腊夕:除夕夜。④佯:假装。

【译文】晋代的范乔两岁时,祖父范馨临终前抚摸着他说:"我所恨的,只是看不到你长大成人罢了。"于是就把平日里所用的砚池给了他。到五岁时,他祖母把这件事告诉了他,他就捧着砚池哭个不停。他父亲范粲得了发狂的病,范乔就和弟弟抛开其他一切事情,专心侍奉父亲,脚步从不走出他们乡村,官府很多次召他做官,他都不去。有一年除夕,有人偷砍他的树,范乔就假装没看到,那个人觉得很惭愧,就把木柴还给他。范乔说:"拿走木柴去给父母取暖,有什么惭愧的呢?"

五十八　刘殷祝堇

刘殷九岁
哭泽堇生
孝其祖母
赐粟扬名

【原评】 孟宗少丧父，其母冬月思笋，哭竹而笋生。刘殷亦幼丧父，其祖母冬月思堇，哭泽而堇生。殷仅九岁耳，且其祖母思堇不言，仅于不饱食一旬而窥其意，尚未若孟母之病笃也，非养志者而能如是乎？

【原文】晋刘殷,字长盛。七岁丧父,哀毁尽礼。祖母王氏,盛冬思堇而不言①,食不饱者一旬矣。殷怪而问之,王言其故。殷时年九岁,乃于泽中恸哭,声不绝者半日。堇忽生焉,食而不减,至时堇生乃尽。后梦西篱下有粟,寤而掘之②,铭曰:"七年粟百石,赐孝子刘殷。"殷后生七子。

【注释】①盛冬:隆冬,严冬。堇:堇菜。②寤:睡醒。

【译文】晋代的刘殷,表字叫长盛。七岁的时候父亲就去世了,刘殷很悲伤,尽了礼节。他祖母王氏,在严冬里想吃堇菜又不好说出口,因为冬天是没有堇菜的,于是她有十天时间总是吃不饱。刘殷觉得奇怪,就问祖母,祖母王氏就把原因告诉了他。刘殷当时才九岁,买不到堇菜,他就到水田里伤心地哭,不停地哭了半天。堇菜忽然就在那里生出来了,每天都去采食却不会减少,一直到原本生堇菜的时节,那些堇菜才没有再生出来。后来他梦到西边篱笆下面有谷物,醒来之后就去那里挖掘,果然挖到了,还有铭文写着:"这里是百石谷物,足够吃七年,送给孝子刘殷。"刘殷后来生了七个儿子。

五十八 刘殷祝堇

五十九 王延色养

叩冰得鱼费体衣亲极滋味

【原评】天下无不是之父母,亦无不厎豫允若之父母,其有不然,皆人子之奉顺无状耳。如王延者,谓之闵子后身可,谓之黄香再世可,即谓之王祥姜诗重生,亦无不可。问其年龄,泣血时仅九岁耳。

【原文】晋王延,字延元。九岁丧母,泣血三年①,每至忌辰,悲啼一旬。继母不慈,以蒲穰败麻与延贮衣②。其姑问之,延知而不言。事母色养③,夏则扇枕席,冬则以身温被。母盛冬思鱼,延缘汾水叩冰而哭④。忽有巨鱼跃出,身长五尺,取以供母,积日不尽。于是母悟,抚延如己生。

【注释】①泣血:无声痛哭,眼泪像血一样涌出来。形容极度悲伤。②蒲:一种植物。穰:植物的杆茎。贮:储存,这里指把穰麻这些劣质的材料缝到衣服里,冬天起不到保暖作用。③色养:和颜悦色地奉养。养,古音一作yàng。④缘:沿着。

【译文】晋代的王延,表字叫延元。他九岁的时候母亲就去世了,他非常悲伤地暗泣了三年,每到母亲的忌辰,他都会悲痛地哭上十天。他后母对他很不好,用蒲茎和碎麻缝在衣服里给他穿。他祖母问他这件事,王延虽然知道,但不跟祖母说。他侍奉后母都是和颜悦色的,夏天给后母扇枕席,冬天用自己的身子给后母温暖床被。严冬的时候,后母想吃鱼。王延就沿着汾水的河岸走,一边敲打河冰,一边然后哭着。忽然有一条大鱼跳了出来,身子有五尺长,他就拿回家给母亲吃,吃了很多天都没吃完。于是后母就觉悟了,把王延当成亲生儿子抚养。

五十九 王延色养

六十 叔谦乞藤

叔谦祷病
神语依憑
到處求訪
得丁公藤

【原评】南齐有解仲恭者，每得纤毫（纤毫：极细小）财利，辄与兄弟平分。因母久病，入山采药，遇一老父曰："得丁公藤立愈，此藤近在前山际高树垂下。"言讫，忽然不见。仲恭如其言，得之，治母病，即瘥。人异事同，因附录之。

【原文】 南宋解叔谦①,字楚梁。母有疾,叔谦夜祷。闻空中语云:"此病得丁公藤为酒便瘥②。"访医,无识者。求访至宜都,见一老人伐木,问之,曰:"此丁公藤,疗风尤验③。"叔谦拜伏流涕,具言来意。老人取四段与之,并示以渍酒法④。叔谦拜受,顾视其人,不复知处。依法为酒,母病即瘥。

【注释】 ①南宋:北宋灭亡后,赵构迁都杭州建立的政权,史称南宋。②瘥:病愈。③风:病名。④渍:浸。

【译文】 南宋朝有个解叔谦,表字叫楚梁。他母亲生了病,他就在晚上祈祷。忽然听到空中有一个声音说:"这个病要拿丁公藤酿酒喝就会好起来。"解叔谦就去寻访医生,但医生都不认识丁公藤这种东西。他访求到了宜都,看见一个老人在砍树,解叔谦就问他这是什么,老人说:"这是丁公藤,治疗风病特别有效。"解叔谦就跪拜在地上哭,把来意跟老人说了。老人就拿了四段丁公藤给他,并且教他浸酒的方法。解叔谦拜着接受了,回过头看,老人已经不知道在哪了。于是解叔谦就依照学到的方法,浸了酒给母亲喝,母亲的病就好了。

六十一　睿明石函

叡明母疾
泣祷莊嚴
淚冰成筋
神授石函

【原评】许止净谓："祈祷而至于泪冰成筋,至诚而不动者,未之有也。人之为父母祈愈疾而不应者,惟其诚敬心之未至耳。而一般浅见者流,见其末不见其本,遂谓一切祈祷,均归迷信,可谓因噎废食(因噎废食:因吃饭噎住而不吃饭了,比喻为怕出麻烦而不敢去做)矣。"

【原文】南齐萧睿明，字景济，南兰陵人。母病风，积年沈卧①，睿明昼夜祈祷。时值严寒，睿明涕泣求神，泪为之冰如筋②，额上叩头血，亦冰不流。忽有一人以小石函授之③，曰："此疗夫人病。"睿明跪受之，忽不见。以石函奉母，函中唯有三寸绢，丹书"日月"字。母焚而服之，即平复。

【注释】①沈：同"沉"，时间长，程度深。②筋：筷子。③函：匣子。

【译文】南朝齐代的萧睿明，表字叫景济，是南兰陵人。母亲得了风病，很多年来都只能睡在床上，萧睿明日夜祈祷。当时正值寒冬，萧睿明流着泪祈求神明，眼泪都结成了像筷子一样的冰，他额头上因为叩头流的血也结了冰，不流了。忽然有一个人把一个石头做的小匣子给了他，说："这个可以治疗你母亲的病。"萧睿明跪着收下匣子，那个人忽然就不见了。萧睿明拿着石匣子给母亲，匣子里面只有三寸长的绢布，用朱砂写着"日月"两个字。他母亲把绢烧了吃下去，病立刻就好了。

六十一 睿明石函

六十二　昙恭访瓜

【原评】许止净谓："孝子之感格固多,乃若昙恭悲切而沙门与瓜,恸哭而如来现象,则其感格真不可思议矣！观无量寿佛经,中品下生,以孝养父母,行世仁慈为正因,则孝道固彻上彻下,无所不包也。"

【原文】梁滕昙恭年五岁,母患热,思食寒瓜。历访不得,衔悲殊切①。俄遇一沙门曰②:"我有两瓜,分一相遗。"昙恭拜谢,捧瓜荐母③,举室惊异。寻访沙门,莫知所在。父母卒,逢忌辰,昼夜哀恸。门外有冬生树二株,时有神光自树而起,俄见佛像,自门而入,合家礼拜,久之乃灭。

【注释】①衔:含。殊:特别,很。②俄:短时间。沙门:和尚。③荐:进献。

【译文】南梁朝的滕昙恭五岁的时候,他母亲得了热病,想吃冰冷的瓜。他到处寻访,始终都找不到这种瓜。滕昙恭的心里非常难过。忽然遇到一个和尚跟他说:"我有两个瓜,分一个给你。"滕昙恭拜谢他,捧着瓜去给母亲,全家人都觉得很奇怪。他去寻访那个和尚,但不知道和尚去哪儿了。后来他父母过世了,每到忌辰,他都日夜不停地痛哭。他家门外有两株冬生树,时常有一道神光从树里升起来,忽然就出现了佛像,从大门走了进去,全家人都跪下礼拜,过了许久佛像才消失。

六十二 昙恭访瓜

六十三　沙弥止风

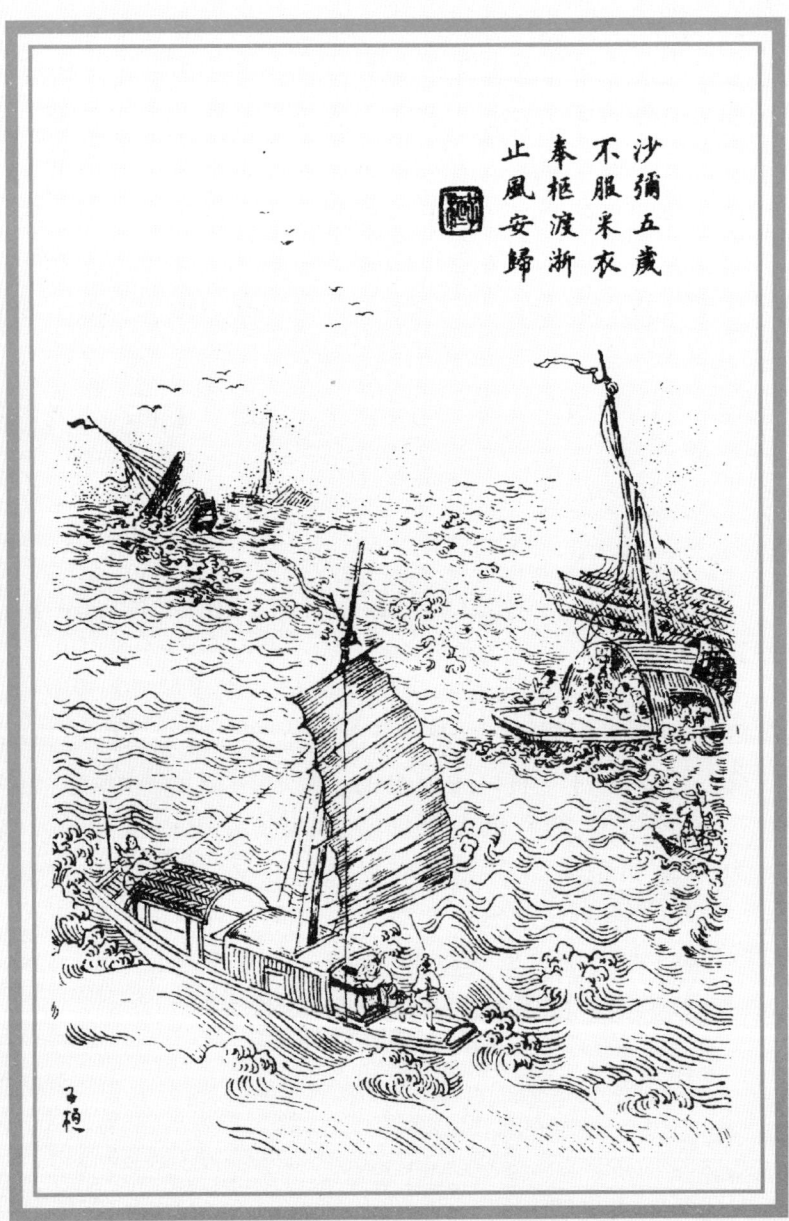

沙彌五歲
不服采衣
奉柩渡浙
止風安歸

【原评】是可追踪袁昂矣，且可绳武(绳武：继承先人)道愍矣。考沙弥之族祖道愍，襁褓失母，长而冒险至交州寻母，经年悲泣。偶入村，日暮雨骤，寄止一家。有妪负薪外还，愍忽心动，访之，即为其母。风也雨也，皆诚孝格(格：感动)天耳。

【原文】梁庾沙弥,孝子道愍之族孙也。父佩玉,坐事诛①。沙弥年五岁,母为制采衣,不肯服,问其故,流涕曰:"家门祸酷,用是何为?"遂终身布衣。嫡母殁,昼夜号恸,所坐荐泪沾为烂②。母好啖甘蔗,沙弥不食蔗。生母殁,奉丧济浙江③。中流遇风,舫将覆,沙弥抱柩号哭,俄而风静。

【注释】①坐:犯法。②荐:草席。③济:渡河。

【译文】南朝梁代的庾沙弥,是当时的孝子庾道愍的同族侄孙。他父亲叫庾佩玉,犯罪被处死了。庾沙弥五岁的时候,他母亲给他做了彩色的衣服,但他不肯穿,母亲问他为什么,他流着泪说:"家里遭到这样大的灾祸,还穿彩色衣服做什么呢?"于是他终身都穿着布衣。他的嫡母去世了,他日夜痛哭,所坐的草席都因为被眼泪沾湿腐烂了。生母喜欢吃甘蔗,他就终身都不吃甘蔗。后来生母去世了,他奉着灵柩渡过浙江。在江中遇到风浪,船快要翻了,庾沙弥抱着灵柩哭喊,不一会儿风浪就静下来了。

六十三 沙弥止风

六十四 孝绪得薤

孝绪至性
母病心惊
求觅薤草
神鹿前行

【原评】许止净曰:"遗产百万,一毫不取,其气量为何如哉!至性冥通,古亦代有其人。然难得其母之谛信(谛信:确信)不疑,盖感之有素(有素:由来已久)也。求薤而神鹿前行,补像而一朝完复(补像:平时供养的石像有损坏,心里想着要去修补,隔天石像自己就补好了),随心所欲,无不如愿以偿,极感通之能事矣。"

【原文】梁阮孝绪应得伯遗财百万,尽以归伯之姊。性至孝,尝于钟山听讲,母王氏忽有疾,兄弟欲召之。母曰:"孝绪至性冥通①,必当自至。"孝绪果心惊而返,邻里异之。惟合药须得生人薓②,旧传钟山所出,孝绪躬历幽险③。累日,忽见一鹿前行,孝绪随之。鹿灭得薓,母遂愈。

【注释】①**至性**:天赋的卓绝品性。②**薓**:同"参"。③**躬**:亲自。

【译文】南朝梁代的阮孝绪,理应能得到伯父的百万遗产,但他全都给了伯父的姐姐。阮孝绪天性非常孝顺,曾在钟山听课,他母亲王氏忽然生了病,兄弟们就要把他叫回来。母亲说:"孝绪有天赋,可以通鬼神,一定可以自己来。"阮孝绪果然心里一惊,就回到了家,邻居和村里的人都觉得奇怪。因为他母亲的药里得有鲜人参,以前人们说钟山就有生人参,阮孝绪就亲自去找,走遍了偏僻危险的地方。过了几天,他忽然看见有一只鹿在他前面走着,他就跟着鹿走。鹿不见了,他就得到了生人参,给母亲吃后,果然病就好了。

六十五　裴侠吉壤

裴侠丧父，葬于桑空中，神语赐爵封公

【原评】许止净谓："裴氏忠厚，而又有孝子，故应邀神佑而得吉壤（吉壤：吉祥的土地）。侠更能爱民如子，清慎为天下第一，罢渔猎夫数十人，此举阴德无量。盖太守能提倡好生恶杀，则一郡化之，物类之获生命者，不可纪极（极：终极，穷尽）也。"

【原文】 北魏裴侠年十三,遭父丧,哀毁若成人。将择葬地而行,空中有人曰:"童子何悲,葬于桑东,封公侯。"侠惧①,以告母。母曰:"神也。吾闻鬼神福善,尔家未尝有恶,当以吉祥告汝耳。"时侠宅有大桑林,因葬焉②。后为河北郡守,罢渔猎夫三十人。清慎勤恪③,赐爵清河县公。

【注释】 ①惧:害怕。②焉:这里。③恪:恭敬。

【译文】 南北朝时北魏的裴侠,十三岁的时候父亲就过世了,伤心尽礼就像成年人。在他就要去给父亲选定安葬地点的时候,空中有人说:"小孩子不要太悲伤了,把你父亲葬在桑树东边,你以后就会封公侯了。"裴侠对这个声音很害怕,就告诉了母亲。母亲说:"这是神明。我听说鬼神都是保佑善良人的,你家里从来没有做过坏事,这一定是神明把吉祥的事告诉给你吧。"当时裴侠家有一片大桑林,裴侠就把父亲葬在大桑林东边。后来裴侠在河北做了郡守,罢免了三十个渔民猎人。他做官清廉谨慎,勤力恭敬,就被赐封做清河县的公爵。

六十五 裴侠吉壤

六十六　崔邠导舆

崔邠奉母观乐，太常扶舆亲导，得亲志，显扬。

【原评】王应照谓："奉母观乐，盛事也。而亲导母舆，则又千秋佳话也。公卿避道，都人荣之，孝子得人心之同然也。老年寡趣，步履又艰，全仗人子扶持，乃每携妻子偕游，鲜奉高堂同乐。尚论太常，可以知罪矣。"

【原文】唐崔邠，字处仁。父垂，三世同爨①。宣宗闻之，叹曰："崔家一门孝友，可为士族师法②。"乃题其居曰"德星堂③"。邠以进士为补阙④，论裴延龄奸，以鲠亮知名⑤。元和中⑥，为太常卿⑦。故事⑧，太常始视事⑨，大阅四部乐⑩，都人纵观⑪。邠自第去帽⑫，亲导母舆⑬。公卿见者皆避道⑭，都人荣之。

【注释】①爨：灶，做饭。②士族：读书人。③德星：古人以木星为德星，认为贤人出现，德星就会出现。比喻贤人。④补阙：掌管讽谏的官。⑤鲠：直。鲠亮：刚直诚实。⑥元和：唐宪宗年号。⑦太常卿：掌管宗庙礼仪的官。⑧故事：惯例。⑨视事：到职办事。⑩大阅：校阅。⑪都人：京城的人。⑫第：府第。⑬舆：车。⑭公卿：这里泛指朝廷里的官。

【译文】唐朝的崔邠，表字叫做处仁。他父亲叫崔垂，家里三世同堂。唐宣宗听说了，感叹道："崔家一门里面，都是孝顺友爱的人，可以给读书人做榜样。"于是就给他们屋子题写了"德星堂"三个字。后来崔邠中了进士，当了补阙的官，在朝廷议论裴延龄的奸佞，于是他就因为刚直诚实而出名了。在宪宗元和年间，崔邠做了太常卿的官。按照惯例，太常卿刚到职的时候，都会校阅四部的乐班，让京城的人随意观看。而崔邠则从府第里出来脱掉官帽，亲自引导母亲的车去看。朝廷里的高官看见都避开了道路，京城的人都觉得他们很荣耀。

六十七　朱泰虎残

朱泰养母虎不敢餐
乡间称孝目为虎残

【原评】身为虎残,益显出孝子本领。夫瞑眩已逾百步,忽醒而厉声,虎竟弃去不顾,岂虎之力不敌一厉声乎?盖孝者,天地之正气,有此正气,神且敬之,而况虎乎?参观实夫拜虎,杨香搤虎,愈出愈奇矣。

【原文】宋朱泰事母至孝,家贫,鬻薪养母①。常适数十里外②,易甘脂以奉亲。一日,鸡初鸣,入山。及明,憩于山足③,遇虎搏攫④,负之而去。泰已瞑眩⑤,行百余步,忽稍醒,厉声曰:"虎为暴食我,所恨我母无托耳。"虎忽弃泰于地,走不顾,如人疾驱状。泰匍匐而归⑥,乡里称之,目为朱虎残。

【注释】①鬻:卖。②适:到。③憩:休息。④搏:鸟翼击打。攫:鸟用爪子抓取。这里是指老虎把朱泰抓走。⑤瞑眩:头晕目眩。⑥匍匐:身体贴地缓慢爬行。

【译文】宋朝的朱泰,侍奉母亲非常孝顺。他家里很穷,就卖掉砍下来的木柴来供养母亲。他常常走到几十里外的地方,去买好吃的食物来供奉母亲。有一天,公鸡开始啼叫的时候,朱泰就到山里去了。等到天亮了,他正在山脚休息,遇到一只老虎把他抓走了。朱泰已经被吓得晕了过去,等老虎走了一百多步的路,他忽然稍微清醒了,就大声说:"老虎做这种残暴的事,要把我吃了,可恨的是我母亲从此就没有依靠了。"话说完,老虎忽然把他丢弃在地上,走开了,头也不回,像有人在驱赶一样。于是朱泰就匍匐着回到了家里,村里的人都很称赞他,称他做"朱虎残",意思是在老虎嘴里剩下来了。

六十八　徐积避石

徐积庐墓
哭不绝声
以父名石
避路而行

【原评】 积初从胡瑗学，后廷荐其孝廉，为楚州教授。母亡，庐墓三年，雪夜伏墓侧，哭不绝声。时甘露降，木成连理。李文耕谓："因父之名，并避其物，真一举足而不敢忘父母者。笃行如此，不愧谥为节孝矣。"

【原文】宋徐积三岁丧父，母教读《孝经》，辄流涕。事母力役皆身为之①。应举，载母入都，不废定省②。既冠登第③，尚未娶。人问之，曰："娶非其人，恐为母病。"以父名石，不用石器，遇石则避而不践。或言其难，曰："吾遇之，怵然伤吾心④，思吾亲，不忍加足其上，岂故避之？"元丰中⑤，诏赐绢米。

【注释】①力役：体力活。②定省：子女早晚向亲长问安。③冠：男子二十岁行冠礼，即成年礼。④怵然：凄凉。⑤元丰：宋神宗年号。

【译文】宋朝的徐积，三岁就死了父亲，每次母亲教读《孝经》，他就会流泪。他侍奉母亲，体力活都要自己做。他到京城考试的时候，也载着母亲一起去，早晚向母亲问安都没有中断过。等二十岁成年后，他中了进士，但还没有娶妻子。人家问他原因，他说："如果娶到不好的妻子，怕母亲不喜欢，会生气。"他因为父亲名叫石，就不用石头做的器具，遇到石头也避开不踩。有人说这样做很难，他说："我遇到石头，就会很伤心，就会想到我父亲，所以不忍心用脚踩在上面，怎么是我故意避开石头呢？"神宗元丰年间，皇上下诏赐给他绢布和粮食。

六十八 徐积避石

六十九　彦斌刍灵

彦斌母殁
水漂失棺
刍灵指示
力竭心殚

【原评】考彦斌母卒之时，适河溢鱼台，彦斌乃为厚棺，刻铭曰："邳州沙河店史彦斌母柩。"仍以四铁环钉其上。明年，果为水漂而失柩也。乞灵于刍灵，可期其必得乎？乃刍灵亦灵，谓非冥冥中有天神主之耶？

【原文】元史彦斌有孝行。至正十四年①，河溢。彦斌母柩为水所漂，彦斌缚草为人②，置水中，仰天呼曰："母棺被水③，不知其处。愿天矜怜哀子之心④，假此刍灵⑤，指示母棺。"言讫，涕泗横流，乃乘舟，随草人所之⑥。经十余日，行三百余里，草人止桑林中。视之，母棺在焉，载归葬之。

【注释】①至正：元顺帝年号。②缚：捆绑。③被水：遭水灾，这里指棺木被水冲走。④矜怜：可怜。哀子：母亲去世的儿子。⑤假：借用，利用。刍灵：草人。⑥之：往。

【译文】元朝的史彦斌，很有孝顺的行为。元顺帝至正十四年，黄河泛滥。史彦斌母亲的灵柩被水漂走了，他就把草绑成草人，放在水里，仰天大喊："我母亲的棺木，被水冲走了，不知道到哪儿去了。祈求上天可怜我失去母亲的儿子的心，借着这个草人，指示我母亲棺木的位置。"说完话，大哭起来。于是他就坐着船，跟着草人走。经过十多天，走了有三百多里路，草人停在了一片桑树林里。史彦斌看时，他母亲的棺木果然就在那里，于是就把棺木载回去，安葬了。

七十 吴璋思亲

吴璋失母，万里寻亲，母病危笃，割股忘身

【原评】刲股疗母，余弟振纲亦屡为之。而吴璋之弃家寻母，舟中礼拜，泣声凄怆，中途患痢，昼夜百起，昏愦（愦：音kuì，昏乱）中犹呼娘不置，奔驰沙碛（碛：音qì，沙漠），两足俱肿，野寺外庑（庑：音wǔ，堂下周围的走廊、廊屋），呻吟终夜，黑蛇嚙（嚙：音niè，同"啮"，咬）足，为母忘躯，实非常人所能及。

【原文】明吴璋少孤，母陆氏奉例选入宫①，后随亲王分封韶州。璋弃家寻母，艰苦备尝，及具启求见②，不得。乃赁王府侧一室，大书"思亲"二字，旁一联云："万里寻亲，历百艰而无悔；一朝见母，誓九死以何辞。"后得见母，母已病危。乃刲股作糜以进③，母渐苏④。王赐金帛，命扶母还。

【注释】①明成祖时候，下诏让天下守贞节的寡妇都到宫里做事。②具启：用书信禀告。③刲：割。股：大腿。糜：粥。④苏：缓解，苏醒。

【译文】明朝的吴璋，很小的时候父亲就去世了，皇上让天下守贞节的寡妇都到宫里做事，他母亲陆氏就被选进宫里了，后来跟着亲王分封到了韶州。吴璋抛弃了家庭去寻找母亲，尝尽了艰苦，到了韶州就上书禀告，请求跟母亲见面，但没有成功。他就租了王府旁边的一间房子，在房子上写着"思亲"两个大字，旁边还有一副对联，上联是："万里寻亲，历百艰而无悔"，下联是："一朝见母，誓九死以何辞"。意思是："走遍万里来寻找母亲，经历了多少艰难都不后悔；只要有一天能够见到母亲，发誓就算死多少次都不退却。"后来终于见到了母亲，母亲已经生病很危重了。吴璋就割下自己大腿上的肉，做成粥给母亲吃，母亲渐渐好了起来。亲王就赐给吴璋金帛，让他扶着母亲回去。

七十　吴璋思亲

七十一　鼎臣祝寿

明顾鼎臣
减算益亲
飞来黄鹤
感动天神

【原评】葛妙真以母五十龄当死，日诵经以延母年。顾鼎臣以父五十岁生身，夜焚香求益父寿。一惧母之不及待其养，一惧父之不及见其成，皆苦心为之也。黄表人间焚去，黄鹤天外飞来，感应何等神速。

【原文】明顾鼎臣父年五十而生鼎臣。自幼尽孝,稍长,撰一表文,每夜焚香祝天,愿减己算益亲①,见己成立。一夕,梦黄鹤自天飞来,视之,即所焚表也。末批云:"鼎臣减算益亲,出于至诚。父延二纪②,鼎臣状元及第。"后鼎臣登弘治乙丑科状元③,官至大学士④,父犹及见受封焉。

【注释】①算:寿命。②纪:十二年。③弘治:明孝宗年号。④大学士:官名,后来的地位大致相当于宰相。

【译文】明代的顾鼎臣,父亲五十岁的时候才生了他。顾鼎臣从小就非常孝顺,稍微长大一点,他就写了一篇表文,每晚都焚香向上天祷告,愿意减掉自己的寿命去增加父亲的寿命,好让父亲看到他长大成人。有天夜里,他梦见一只黄色的仙鹤从天上飞来,他一看,就是自己烧掉的那篇表文。表文最后有批语,意思是说:"顾鼎臣减掉自己的寿命去增加父亲的寿命,是出于最大的诚心。应该让顾鼎臣的父亲延长二十四年的寿命,顾鼎臣也能当上状元。"后来顾鼎臣中了弘治乙丑科的状元,官做到了大学士。当时他父亲还能够亲眼看见,并且也受到了封赏。

七十二　杨黼活佛

[原评] 人当寒夜远归，扣他人门且不应。惟母闻其子扣门则喜，衣不及扣，履不及穿，慌忙启关（启关：开门），此等慈悲心，何异活佛？然家家有活佛，舍近求远，何哉？杨黼专究性命，不理外物，但求悦亲，无愧佛子矣。

【原文】明杨黼慕蜀中无际大师，往访之，途遇老僧呼黼姓名，曰："无际大师是我之师，命我迎汝传语，见无际不如见活佛。"黼曰："活佛安在？"僧曰："但东归，见披衿倒屣者是矣①。"黼遂回，夜半扣门。母闻声喜甚，遂披衿倒屣而出。黼大悟，自是竭力孝亲②，并注《孝经》数万言。

【注释】①**衿**：衣领。**屣**：鞋子。②**竭力**：尽力。

【译文】明朝的杨黼，很仰慕四川的无际大师，就去拜访他，在半路上遇到一个老和尚喊他名字，对他说："无际大师是我师父，他叫我来迎接你，并且转告你，见无际还不如去见活佛。"杨黼说："活佛在哪里呢？"和尚说："你只要往东方走回去，见到一个披着衣服、倒穿鞋子的人，就是活佛了。"杨黼就往回走，在半夜的时候回到家敲门。他母亲听到儿子回来的声音，非常高兴，就披着衣服、倒穿鞋子出来了。杨黼这时恍然大悟，从此尽力地孝顺母亲，并且还给《孝经》作了几万字的注。

七十二 杨黼活佛

七十三 太姒嗣徽

太姒为妃
归宁父母
嗣徽太任
化及命妇

【原评】尊为后妃,犹归宁父母,又能嗣太任之徽音,以妇礼妇道化天下,卒至诸侯夫人,均奉祭祀不失职,于以采蘩(采蘩:《诗经》篇名),大夫妻均承先祖,共祭祀,于以采苹(采苹:《诗经》篇名)。化行若此,宜乎周家母仪,超今迈(迈:过)古已。

【原文】周太姒,有莘国之女①。在父母家,专志于女功②。躬俭节用,尊敬师傅。及为文王后妃,不改其性。嗣太任之美音③,妇礼无愆④。因师氏以告文王⑤,归安父母。化天下以妇道。周人作诗美之曰:"言告师氏,言告言归。薄汙我私,薄澣我衣。害澣害否,归宁父母⑥。"又曰:"思齐太任,文王之母。思媚周姜,京室之妇。太姒嗣徽音,则百斯男⑦。"

【注释】①有莘:即莘国,有用在国家名、朝代名之前作助词。②女功:妇女所做的纺织等工作。③太任:周文王的母亲。④愆:罪过。⑤师氏:女先生,指抚育贵族女子并教导妇女品德的人。⑥这几句诗出自《诗经·国风·周南·葛覃》。言:发语词,无义。下同。归:回娘家探亲。薄:句首的助词。汙:搓洗。私:内衣。澣:同"浣",洗。害:通"曷",何。⑦这几句诗出自《诗经·大雅·思齐》。齐:端庄。媚:美好,这里指品德美好。周姜:太姜,周文王的祖母。京室:京师、王室。徽:美。则:一定。百:虚数,表示很多。

【译文】周朝的太姒,是有莘国里一户人家的女儿。还在父母家里的时候,她就专心做着女工。自己很俭朴省,也很尊敬女先生。等到她做了周文王的妃子,也没有改变她的天性。她继承了婆婆太任的美德,遵守妇人的礼节,没有过失。回娘家探亲的时候,她会通过女先生告诉文王。她用自己的德行感化了天下的妇人。周朝的人就作诗赞美她,诗是这么讲的:"去告诉女先生,说我要回娘家。搓洗我的内衣,洗干净外衣。哪件要洗哪件不洗都要分清,然后就回娘家探亲去。"另一首诗说:"端庄的太任,是文王的母亲。品德很好的太姜,是京师王室里的媳妇。太姒继承了她们的美德,所以文王一定会有很多儿子。"

七十四　女娟持楫

【原评】女娟救父，操楫代渡，且发河激之歌以鸣其意。简子悦，将使人祝祓以为夫人，娟以妇人之礼，非媒不嫁，严亲在内，不敢闻命，再拜而辞。简子归，乃纳币于其父，娶为夫人。救父有辞，处身以礼，贤矣哉！

【原文】周河津吏女娟,晋人。赵鞅伐楚①,与河津吏期②。吏醉失期③,鞅怒,欲杀之。娟持楫进曰④:"妾父闻主君来渡不测之水⑤,恐水神骇动,风波震荡,谨具牲醴⑥,祷祀于神,期主君御釐受福⑦。不胜杯酌余沥⑧,醉至于此。今主君因其醉而杀之⑨,妾恐父身不知痛,而心不知罪也。愿俟其醒⑩。"鞅善其言,遂赦吏。娟复代父操楫而渡鞅焉。

【注释】①赵鞅:即赵简子,春秋后期晋国的著名政治家。②期:相约。③失期:误期。④楫:同"楫",船桨。⑤主君:对君主、卿大夫、一家之主或普通人的敬称。不测:不可测量,形容深渊或江海。⑥牲:祭祀用的牛、羊、猪。醴:甜酒。⑦釐:同"禧",吉祥。⑧不胜:禁不住。余沥:酒快喝完时剩下的酒滴。⑨因:趁。⑩俟:等待。

【译文】周朝河津地方官有个女儿名娟,是晋国人。晋国的赵鞅要去攻打楚国,就和这个河津地方官约好了给他渡河。但这个地方官因为喝醉酒了,误了约期,赵鞅非常生气,就要杀他。他女儿娟就拿着船桨去见赵鞅,说:"我父亲听说主君要来渡这条河,怕惊动了水神,掀动了风浪,所以恭敬地准备了三牲和美酒,向水神祈祷,祝愿主君能够平安和幸福。可是他不会喝酒,只喝了一点就醉到了这个地步。现在主君要杀正醉酒的父亲,我怕父亲的身体不会感到痛苦,心里也不会明白自己的罪过。希望您等他醒了再杀他吧。"赵鞅觉得她说得对,就赦免了她父亲。娟就代替父亲划船把赵鞅渡过河去。

七十五　周青含冤

孝婦周青
含冤莫吐
誣服受刑
三年不雨

【原评】许止净谓:"匹妇含冤,三年不雨,天人感应之几,不其捷(捷:快)乎?然天亦何心,岂愿以一人之枉,而殃及万民?只以怨气阻塞,致天地间阴阳之气,不能调和耳。然则平怨之人,其能感召和淑之气也明矣。"

【原文】汉周氏女青,东海人。夫亡,养姑甚谨。姑曰:"妇养我勤苦,我已老,何忍累其年少?"潜自缢。姑女告妇杀母,捕青拷掠①,诬服②。青将刑,以十丈竹竿,悬五旛③,誓众曰:"青若有罪,血当顺下。无罪,血当逆流。"及刑已④,其血青黄,缘旛竿而上极标⑤,又缘竿而下,嗣是郡中三年不雨⑥。后任太守至,诣青墓致祭,并表焉。雨随至,其岁大熟。

【注释】①拷掠:刑讯拷打。②诬服:没有罪而被迫服罪。③旛:同"幡",旗子。④已:结束。⑤缘:沿着。极标:梢头。⑥嗣是:从此。

【译文】汉朝一个姓周名青的妇人是东海人,她丈夫死了,侍奉婆婆很恭敬。婆婆说:"媳妇供养我这么勤力辛苦,我已经年老了,怎么忍心连累年轻的媳妇呢?"于是就悄悄上吊自杀了。周青的小姑就控告周青杀害母亲,官府捉走了周青,拷打她,最后屈打成招了。在她将要行刑的时候,用一根十丈长的竹竿,挂上五面旗子,当众发誓说:"我周青如果有罪,那我的血应该顺着流下去;如果没有罪,我的血就会逆着向上流。"等到用刑之后,她流出的血是青黄色的,沿着旗杆向上流到了顶端,再沿着竿子流下来。从此以后,那一带地方三年都不下雨。继任的太守来到后,亲自到周青坟前献祭,并且表彰了她。果然天马上就下起雨来了,那一年庄稼获得大丰收。

七十六 梁嫕上书

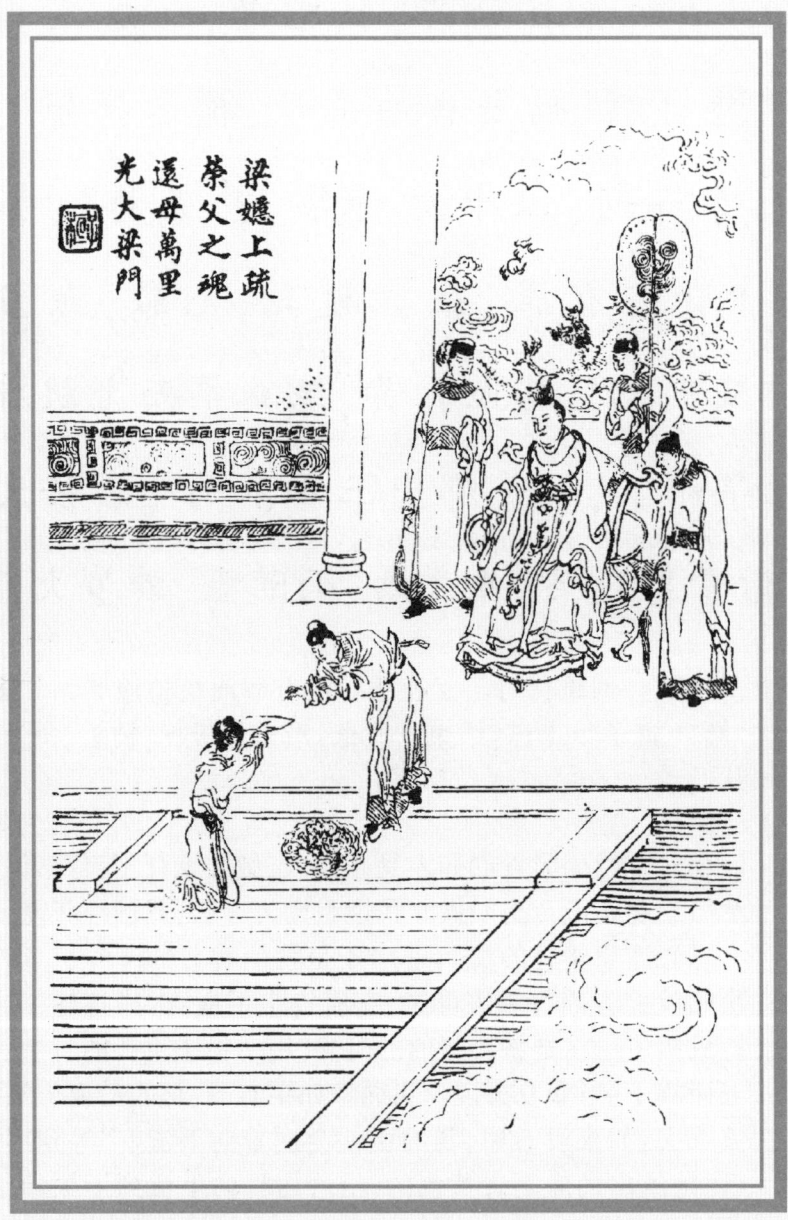

梁嫕上疏
荣父之魂
还母万里
光大梁门

【原评】梁夫人以哀辞开悟时主,卒使恭怀后得改殡于承光宫,葬西陵,父竦得追谥为褒亲愍(愍:音mǐn,同"悯")侯,母及弟等得征还而封侯。夫以一女子而为家门开三国之祚(祚:音zuò,福),使天子成母子之礼,其孝也,亦即其忠也。

【原文】 汉梁竦之女嫕，樊调之妻，和帝之姨，恭怀后之姊也。初，恭怀后宠于章帝，生和帝，立为太子，窦后母养焉。和帝之生，梁氏喜相庆贺。窦后闻之，诬陷梁氏，诏收竦杀之，家属移九真①。和帝立，窦后崩，诸窦皆伏罪②，嫕从民间上书，乞归母弟，收葬竦骨。和帝嘉之，悉如所请，称梁夫人，擢樊调为郎中，改葬恭怀后于西陵。

【注释】 ①九真：在今越南北部。②伏罪：认罪。

【译文】 汉代梁竦的女儿梁嫕，是樊调的妻子，汉和帝的姨妈，恭怀后的姐姐。当初，恭怀后被汉章帝宠爱，生下了汉和帝，把他立作太子，窦皇后把他当成自己的儿子养着。对于和帝的出生，梁家人很开心，都在庆祝着。窦皇后听说了，就诬陷梁家，于是皇上下诏逮捕了梁竦，把他杀了，他的家属则流放到九真。等到和帝登基，窦皇后死了，她娘家人都认了以前犯下的罪，梁嫕就从民间上文书给皇上，乞求让她母亲和弟弟回来，收葬父亲梁竦的骸骨。和帝很赞赏她，就都答应她的请求，还称她作梁夫人，提拔她丈夫樊调做郎中，把恭怀后改葬在西陵。

七十七 卢李奔丧

卢妻李氏
孝事其姑
为母奔丧
号泣殒躯

【原评】卢李氏天性至孝,身虽离其父母,心实未尝一刻忘其父母也。观其父丧哀毁,母丧恸绝,苏而水浆不入口者六日,尽力奔丧,攀梣号踊,皆男子之所难也,而李氏为之,孝哉女宗,千古下犹令人挥泪。

【原文】北魏范阳卢元礼之妻,赵郡守李叔彻女也。性至孝,父卒,执丧毁①。归卢氏,念母不置②,饮食为日损,遂以羸瘵③。百方宽慰不能解,归宁,乃复初。元礼卒,李矢志不贰④,事姑孝。母卒于洛阳,讣至⑤,恸而绝⑥,经宿乃苏,水浆不入口者六日,力奔丧。姑虑其力微,亲送之至范阳。抵洛,攀榇号踊⑦,卒。赐号贞孝女宗,易其里曰孝德里。

【注释】①执丧:奉行丧礼或守孝。毁:哀毁,伤心到损伤了身体。②不置:不止。③羸:瘦弱。瘵:瘦弱。④矢志:立下誓愿,以示决心。贰:变节,这里指改嫁。⑤讣:报丧的通知。⑥绝:晕死。⑦榇:棺材。踊:跳。

【译文】北魏范阳卢元礼的妻子,是赵郡太守李叔彻的女儿。天性非常孝顺,她父亲死了,她伤心到损伤了身体。嫁到卢家后,日夜想念着母亲,吃的东西一天比一天少,变得很消瘦。很多人都在安慰她,但都没用。可是只要回到娘家,她就恢复了。卢元礼死后,她立誓不改嫁,侍奉婆婆很孝顺。她母亲在洛阳去世了,消息传来,她悲痛得晕了过去,过了一整晚才醒过来,六天滴水不进,还竭力去奔丧。婆婆担心她精力衰弱,就亲自送她到洛阳。到了洛阳,她攀着母亲的棺木号哭大跳而死。后来赐号叫"贞孝女宗",她的乡里也改名叫"孝德里"了。

七十八　屠女守坟

屠女葬亲
孝感山神
治病皆愈
守墓终身

【原评】许止净曰："以一弱女子，不见容于乡里，而能奉其父母，生养死葬，使无遗憾，才德兼擅，宜乎山灵愿效驱使也。至其乡里，初则陵(陵：欺凌)人贫弱，终则涎(涎：音xián，贪图)人资财，小人无耻，可哂(哂：音shěn，笑)可叹。孝女守墓不嫁，尤足多也。"

【原文】 南齐屠氏女,父失明,母痼疾①。乡里不容,女移父母远住。昼樵采,夜纺绩②,以供养。父母卒,亲营殡,负土成坟③。忽闻空中有声云:"汝至性可重,山神当效驱使④。汝可为人治病,必得大富。"女谓是妖魔,不敢从,遂得病。积时⑤,邻人有中溪蜮毒者⑥,女试治之,病便瘥⑦。遂为人治疾,无不愈。家产日益,乡里多欲娶之,誓守坟墓不嫁。

【注释】 ①痼:经久难治愈的病。②纺绩:把丝、麻等纺成纱或线。③负土成坟:背土筑坟。古代认为是一种孝义的行为。④效:尽。⑤积时:比较长的一段时间。⑥蜮:传说中一种在水里暗中害人的怪物,能含沙射人,也叫"射工"。⑦瘥:病愈。

【译文】 南齐朝时期,一户姓屠人家有个女儿,她父亲眼睛瞎了,母亲生了很久的病。当地人都容不下他们,她就把父母搬到远地方去住。她白天砍柴,晚上纺织,用这些劳动赚的钱供养父母。后来父母去世了,她就自己处理丧事,背了土去修筑坟墓。忽然听见空中有一个声音说:"你这样尽孝的行为很让人敬重,山神可以为你效力,供你使唤。你可以去给人治病,一定可以变得很富有。"她以为那是妖魔,就不敢听从,结果自己却生病了。过了很久,一个邻居中了溪里面水怪的毒,她试着去医治,竟然治好了。从此她就给人看病,没有医不好的。她的家产也渐渐多起来,乡村里有很多人都想娶她,她却立誓守着父母的坟墓,不嫁人。

七十八 屠女守坟

七十九　无忌甓仇

卫女无忌
为父报仇
杀之以甓
诏从雍州

【原评】事与赵娥杀李寿，相似而不同。赵娥尚有昆弟三人，卫女则终鲜兄弟。赵娥以刀刺仇。而卫女仅以甓杀之。一遇于都亭，一得于客座，相隔均已日久，谓非天赐其机乎？孝心所感，靡不如愿以偿也。

【原文】 唐卫氏女名无忌,绛州夏县人。父为乡人卫长则所杀,时无忌年甫六岁①,又无兄弟,其母乃改嫁焉。及无忌长,志报父仇。会从父宴客②,长则适在座间,无忌乃抵死以甓杀之③。自诣吏称父冤已报,请就刑辟④。巡察使褚遂良以其事上闻,太宗矜之⑤,诏免其罪,给驿徙雍州,赐田宅,州县为择婿嫁焉。

【注释】 ①**甫**:刚刚。②**从父**:伯父或叔父。③**抵死**:冒死。**甓**:砖头。④**辟**:刑法。⑤**矜**:可怜。

【译文】 唐朝一户姓卫人家的女儿,名叫无忌,是绛州夏县人。她父亲被乡里人卫长则杀害,当时她才刚六岁,也没有兄弟,母亲就改嫁了。等到无忌长大了,她立志要为父亲报仇——不共戴天的大仇。有一次恰好她伯父宴请客人,卫长则也在座,她冒死用一块砖头把卫长则杀死了。然后无忌到官府自首,说她父亲的冤仇已经报了,请求受刑。巡察使褚遂良把这件事禀告给了皇上,唐太宗可怜她,就命令免了她的罪,给她用马送到了雍州,还赐给她田地和屋子,州县官还给她物色了丈夫结婚。

七十九 无忌甓仇

八十 饶娥浮父

饶娥父溺
不得其尸
绝粒哭死
雷震出之

【原评】汉有曹娥、叔先雄,均以父溺投江,负尸而出,已云奇矣。而饶娥痛哭三日即死,未及投江,乃天为大雷震电以出其尸,真奇之又奇矣!曹娥、饶娥,均十四岁女子耳,后先辉映,与叔先雄,鼎足而三矣。

【原文】唐饶娥，字琼真，饶州乐平人。生小家①，勤织纴②，颇自修整③。父勋渔于江④，遇风涛，舟覆，尸不出。时娥年十四，哭于水上，不食三日，死。俄大雷震电，水虫多死，父尸浮出。乡人异之，归赗⑤，具礼葬其父及娥于鄱水之阴⑥，县令魏仲光碣其墓⑦。建中初⑧，黜陟使郑叔则表旌其闾⑨，河东柳宗元为立碑云。

【注释】①小家：穷苦人家。②纴：纺织。③修整：检点端庄。④勋：功绩。此处为人名。⑤赗：助人办丧事的财物。⑥阴：古人把山的北面，水的南面叫"阴"。⑦碣：石碑，这里是立碑的意思。⑧建中：唐德宗年号。⑨黜陟：官员的升降。黜陟使：考察官员的官。

【译文】唐代的饶娥，表字叫琼真，是饶州乐平人。生长在穷苦人家，勤劳地纺织，自己很检点端庄。父亲饶勋在江里捕鱼，遇上了大风浪，船沉了，尸首也不见了。当时饶娥才十四岁，在江上痛哭，三天不吃东西而死。不久，天上就雷电交加，水里的虫都被电死了，她父亲的尸首也浮了上来。乡里人觉得很惊奇，准备了送葬的东西，在鄱水南面用礼仪安葬了饶娥和她父亲，县令魏仲光在他们坟墓前还立了一块碑，记载这件事。在唐德宗建中初年，黜陟使郑叔则旌表了她的里门，河东的柳宗元也给立了一块碑。

八十一　郑杨求杏

杨氏访杏
易服改容
得愈姑病
又获金龙

【原评】顾张氏孝其姑，应遭雷殛（殛：音jí，杀死），而延寿三十年。郑杨氏孝其姑，自待雷击，而忽得二金龙，孝不特（特：只）可以辟雷，更有不可思议之感应。秽中杏实，亦天赐之耳，否则不时之物，必已自腐，况在道旁秽中乎？

【原文】唐郑邯妻杨氏,姑病,人言杏实可愈,杨谓邯曰:"非时之物安可得?须访求。子其佣耕侍疾①,吾当遍访之。"乃易男服,至邻郡。忽于道旁莽秽中②,得一杏实,洁涤取归,奉姑食之,疾渐瘳③。一日,檐前风雷不断,杨以为秽杏绐姑之故④,乃泣别其姑,伸臂立庭以待击。忽觉臂重,及霁⑤,视之,有二金龙,长数尺,环两臂,自是家日丰。

【注释】①佣耕:受雇给人耕作。②秽:荒废,长满野草。③瘳:病愈。④绐:同"诒",欺骗。⑤霁:天晴。

【译文】唐代郑邯的妻子杨氏,她婆婆病了,听人说杏子可以医婆婆的病,她就跟郑邯说:"这个时节哪里来杏子呢?必须四处去寻求。你要给人种田,还要侍奉婆婆养病,只能我到处去找吧。"于是她换上男人的衣服,到了邻县去。忽然在路边的杂草堆里见到了一个杏子,她就把它洗干净,拿回家给婆婆吃下,婆婆的病渐渐好了。有一天,屋檐前面一直刮风打雷,她以为这是因为她曾用不干净的杏子骗了婆婆,就哭着告别了婆婆,伸开双臂站在院子里等着雷击。她忽然觉得手臂很重,等天放晴,她一看,原来有两条几尺长的金龙环绕在两臂上,从此他们家渐渐富有起来。

八十二　妹妹殉母

唐高妹妹年僅七齡
不肯為婢殉母就刑

【原评】高妹妹，一幼女耳，已能知忠义所在。其不肯为婢，廉耻兼全。愿殉母兄，孝弟两备。问父所在，向之哭，再拜就刃，更明礼矣。惜不信神道，然未足以责之也。年仅七龄，焉知忠义每因见杀而益显哉？

【原文】唐高妹妹父彦昭，事李正己。及正己子纳拒命①，质其妻子②，使守濮阳。彦昭挈城归河南都统刘元佐③，纳屠其家。时妹妹年七岁，母怜其幼，请免死为婢，许之。妹妹不肯，曰："母兄皆不免，女生何为？"母将就刑，遍拜四方。妹妹问之，母曰："神可祈也④。"妹妹曰："我家以忠义见杀，神尚何知？"问父所在，向之哭，哭已，再拜就刃。

【注释】①拒命：不服从命令，反叛。②质：做人质。③挈：携着。④祈：祈求。

【译文】唐朝高妹妹的父亲叫高彦昭，在李正己属下做事。后来李正己的儿子李纳叛变了，把高彦昭的妻子和儿子当做人质，让高彦昭去镇守濮阳。但高彦昭把濮阳城还给了河南都统刘元佐，李纳就要杀掉他的家人。当时高妹妹才七岁，她母亲可怜她这么小就要被杀，就请求不要杀她，让她做奴婢，李纳答应了。高妹妹却不肯，说："母亲和哥哥都不能免一死，女儿我还活着做什么呢？"她母亲在就要被杀的时候，向四方跪拜。高妹妹就问母亲为什么这样做，她母亲说："我们只能向神明祈求。"高妹妹说："我家因为忠义而被杀，神知道吗？"就问父亲所在的方向，然后向那个方向大哭，哭完拜了两拜，就被杀害了。

八十二 妹妹殉母

八十三 历女守柩

萧历女贫
随任丧亲
有能归葬
乃许以身

【原评】历女诚苦矣。父母双亡任所，既鲜兄弟，又乏资财，毁容奉归，中道又为舟子所弃，途次躬自结茅，穿圹纳柩，丧满不释缞，必能致二柩归故里毕葬者嫁之。以父母之遗体，葬父母之形骸，可谓务本矣。

【原文】唐萧历与妻,并殁官所。女年十六,携婢毁容,载二柩还乡。贫不能给舟资,次宣州①。舟子委柩去②。女结茅水滨,穿圹纳柩③。坟成,有驯鸟④、缟兔⑤、菌芝之祥⑥。长老为立舍,岁时进粟缣⑦。丧满不释缞⑧。有请婚者,则曰:"我弱不能北还,必能为我致二柩于故里葬之者,然后嫁焉。"杨含以高安尉罢归,过宣,闻之,承其事。毕葬,乃归含。

【注释】①次:临时停靠住宿,抵达。②舟子:船夫。委:抛弃。③圹:墓穴。④驯鸟:驯服的鸟。⑤缟:白色。⑥菌芝:灵芝。⑦缣:双丝的细绢。⑧缞:粗麻布制成的丧服。

【译文】唐代的萧历和他妻子都死在了衙门里,他们的女儿十六岁,带着婢女,涂污面孔,载着父母的灵柩回故乡。但她们很穷,没有足够的钱来雇船,于是船在宣州停靠之后,船夫就把灵柩卸在半路上,自己走了。萧历的女儿就在水边搭起茅屋,挖墓穴来安放灵柩。坟墓做好之后,有驯服的鸟、白兔、灵芝等好兆头。当地的老人给她建了一座房子,每年都给她送谷物和布帛。丧期满了,可是她还不脱掉麻布丧服。有人来向她求婚,她就说:"我身体柔弱,自己没有能力回到北方的故乡,一定要有人能帮我把父母的灵柩送回故乡安葬,我才愿意嫁给他。"杨含卸了高安尉的任回家,经过宣州,听说这件事,就答应了萧历女儿的要求。安葬的事完毕后,萧历女儿就嫁给了杨含。

八十四 菊花无怨

[原评] 菊花为佣,每与女仆语,谆谆诲以忠勤。或不纳而诟之,辄谢(谢:道歉)不较。遇劳苦事,则以身先之。与以钱刀衣服,必固辞,不得已乃受。寸帛尺薪无敢弃。女仆之幼者,为栉沐缱纫,视如己女,其令德不可胜数。

【原文】宋张菊花七岁,后母潜鬻于范尚书家①,给其父曰②:"失之。"父哭丧明③。后数年,菊花与父遇于金宅,相持痛哭④,遂辞主从父归。父欲逐后母,菊花曰:"儿非母不得入贵人家,母乃有德于儿,又何怨焉?儿归而母逐,儿心何安?"乃止。父老无子,家贫。卒,菊花孝事后母,不能行,则每负之。后母卒,菊花佣作富家,忠勤和俭兼备焉。

【注释】①鬻:卖。②绐:同"诒",欺骗。③丧明:失明,眼瞎了。④相持:互相抱着。

【译文】宋朝的张菊花,七岁的时候,后母暗地里把她卖给了范尚书家,骗张菊花的父亲说:"女儿丢了。"她父亲因此眼睛都哭瞎了。过了几年,张菊花偶然在姓金的人家里跟父亲相遇,抱头痛哭,于是张菊花辞别了主人,跟随父亲回家。父亲要把后母赶出去,张菊花说:"女儿没有母亲那样做的话,就不能进入富贵人家,母亲其实对我是有恩德的,我有什么怨恨呢?如果我回来了但母亲却去了,我又怎么会安心呢?"于是父亲也就没有赶她后母走。父亲年老了,没有儿子,家里又穷。父亲去世之后,张菊花就很孝顺地侍奉后母,后母不能走路,张菊花就常常背着她走。后母去世后,张菊花就给富人家里做佣工,忠心、勤劳、和气、俭朴,每样品德都具备。

八十四 菊花无怨

八十五　周徐同德

周徐二氏
相繼孝姑
失子復得
同撫林孤

【原评】林门二贤母，孝慈同德，而徐氏尤甚。或劝再适，则指儿泣曰："林氏数十世，惟姑及此儿，吾何忍弃之？天未降割林氏，儿幸成人，异日持酒酹（酹：音lèi，把酒洒在地上作祭奠）林氏先塚（塚：音zhǒng，同"冢"，坟墓），姑之庆也，吾之愿也，即死瞑矣。"闻此语，令人酸鼻。

【原文】宋林侑妻周氏，事姑孝。子江妻徐氏，事周亦如之。徐生子定老，甫六月，元兵至，江负儿逃。寇追射，江弃儿走死。周、徐往迹之①，又遇盗。周祷神，同得脱。行失道，得所弃儿，弗怖弗啼。兵退，迹江尸，得焉。家毁，僦舍以居②，妇姑相为命。时徐年三十，或劝再适③，则以奉姑抚孤，为林氏留一脉辞。后定老举进士，追赠父母如其官。

【注释】①迹：根据踪迹寻找。②僦：租。③适：嫁。

【译文】宋代林侑的妻子周氏，侍奉婆婆非常孝顺。他儿子林江的妻子徐氏，侍奉周氏也跟周氏侍奉婆婆一样。徐氏生了个儿子叫林定老，才六个月大的时候，元朝的兵就到了，林江就背着儿子去逃难。敌人追赶他，用箭射他，林江就丢下儿子逃走，却被射死了。周氏和徐氏前去寻找他们，又遇上了强盗。周氏向神明祈祷后，他们得以一起逃脱。后来走错了路，却发现了林江丢下的儿子，没有惊慌也没有啼哭。元兵退了之后，她们终于找到了林江的尸首。她们家的屋子已经毁坏了，只能租了屋子住，婆媳两人相依如命。当时徐氏才三十岁，有人劝她再嫁，她说要侍奉婆婆、抚养孤儿，给林家留下血脉，因此推辞了。后来林定老中了进士，他父母被追赠了跟他一样的官衔。

八十五 周徐同德

八十六 彩鸾代父

徐氏彩鸾
救父代死
题诗桥亭
骂贼投水

【原评】 宋有詹氏女，计脱父兄，过市东桥，投水而亡。元有徐彩鸾，愿代其父，至桂林桥，骂贼以死。其题亭壁之诗，一字一泪，写出心情，何其从容不迫耶？要之以死全其父，且以死全父之遗体，其揆(揆：音kuí，道理、准则)一也。

【原文】元李景文妻徐彩鸾,浦城徐嗣源女也。略通经史,每诵文天祥《六歌》①,必为之感泣。至正中②,贼寇浦城③,彩鸾从父逃。贼及之,欲杀嗣源,彩鸾前曰:"此吾父也,宁杀我。"贼舍父而逼彩鸾,彩鸾谓父曰:"儿义不受辱,父可急去。"彩鸾至桂林桥,拾炭题诗于亭壁,曰:"惟有桂林桥下水,千年照见妾心清。"题毕,厉声骂贼,投水而死。

【注释】①《六歌》:文天祥有《六歌》一诗。另一种说法,指文天祥的《正气歌》、《哭崖山》、《金陵驿》、《过淮河宿阙石有感》、《过零丁洋》、《过平原县》这六首诗歌。②至正:元惠宗年号。③寇:入侵。

【译文】元朝李景文的妻子徐彩鸾,是浦城徐嗣源的女儿。她能懂经史,每当读到文天祥的《六歌》,就一定感动而哭。到了元惠宗至正年间,强盗入侵浦城,徐彩鸾跟着父亲逃难。强盗们追上他们,要杀徐嗣源,徐彩鸾上前说:"这是我父亲,我宁可你们杀了我。"强盗们就放了徐嗣源而去逼迫徐彩鸾,徐彩鸾跟父亲说:"女儿我会坚守道德,不受污辱,父亲可以快点逃走。"徐彩鸾来到了桂林桥,捡起一根木炭,在亭子墙壁上题了一首诗:"惟有桂林桥下水,千年照见妾心清。"意思是:"只有这桂林桥下面的河水,一千年也照得见我心志清白呀。"写完之后,大声痛骂强盗,跳河而死。

八十七 朱寿诉冤

朱寿救父
效法缇萦
哀求恳切
冤狱以明

【原评】 人当祸患之临,所为之竭力救援者,惟自家骨肉为最切耳,此无子之所以可悲也。淳于意无子而缇萦救之,朱环有子而寿救之,存效法缇萦之心,则为缇萦不难,即不为缇萦,亦相去不远矣。

【原文】元朱寿父环,为奴诬其出资助反,将被刑。环子元病不能起,视寿而泣。寿曰:"昔缇萦能救父,我独非人耶?"乃走告法曹掾冯耿贤曰①:"妾父无罪,亡奴挟怨诬之耳②。若事不得直,一家枉作泉下鬼矣。闻君素长者,故敢以闻。"言与泪俱。冯叱曰③:"此岂汝女子所知?"寿哀祈益切。冯心动,乃使吏鞫奴④,得诬状,环乃获免。

【注释】①法曹:法官。掾:副官佐或官署属员。②挟怨:怀恨在心。③叱:斥责。④鞫:审问。

【译文】元朝朱寿的父亲叫朱环,被奴仆诬告说他曾出资助人造反,将要受刑了。朱环的儿子朱元这时候正好生病,不能起身,朱环就对着朱寿哭泣。朱寿说:"从前淳于缇萦能够救她父亲,单单我不是人吗?"就去对副法官冯耿贤哭诉说:"我父亲并没有罪,是那个逃跑的奴仆怀恨在心,诬陷我父亲罢了。如果我们的冤屈不能平反,那我们一家人就要白白去做地下的鬼了。听说您向来贤明,所以敢来跟您诉说。"一边说话一边流泪。冯耿贤大声喝斥道:"这种事怎么会是你们女子能知道的?"朱寿益发悲切地哀求他。冯耿贤终于被感动了,让属下去审问那个奴仆,得到了奴仆诬告的供状,朱环终得以免罪。

八十八 韩刘刺血

【原评】病,苦矣。夏间病尤苦。病至于不能起便溺,蚊蝇丛集,蛆生枕席,其苦不可胜言矣。若非有孝妇扶拭之,挥逐之,啮噬之,宁氏不几为齐桓公乎?最可奇者,臂血指血,屡进屡愈,益以见孝之无感不通也。

【原文】元显官韩太初,妻刘氏。家徙和州①,刘氏奉姑宁氏以行。姑仆地伤腰②,刘氏刺臂血,和药以进,遂愈。至瓜洲,姑复病,再进再愈。至和州,姑患风疾,不能起便溺③,刘氏亲手扶拭④。时盛暑,日夜为姑捍逐蚊蝇⑤。蛆生枕席⑥,刘氏啮之⑦,蛆不复生,姑病寻愈。一日,姑忽病危,啮刘氏手指,意欲永诀。刘复刺指血,和汤以进,病又愈。

【注释】①徙:迁移。②仆:跌倒。③溺:同"尿",小便。**便溺**:大小便。④拭:擦。⑤捍:保卫。⑥蛆:苍蝇幼虫。⑦啮:咬。

【译文】元朝有个贵显的官叫韩太初,他妻子是刘氏。他们家搬到和州去的时候,刘氏陪着婆婆宁氏同行。婆婆跌倒伤到了腰,刘氏就在自己手臂上刺血,搅拌了药给婆婆吃,婆婆的腰伤就好了。到了瓜洲,婆婆的病又犯了,刘氏又再刺血拌药给婆婆吃,于是病又好了。到了和州,婆婆得了风病,不能自己起来大小便,刘氏就亲手扶持婆婆,帮妈妈擦拭。当时正是炎热的夏天,她日夜给婆婆驱赶蚊子苍蝇,保护婆婆。枕席上生了蛆虫,刘氏就把蛆虫咬死,蛆虫就不再生了,婆婆的病不久也就好了。有一天,婆婆忽然病危,咬着刘氏的手指,意思是就要跟她永别了。刘氏又把自己的手指刺出血,搅拌在汤里给婆婆喝,于是婆婆的病又好了。

八十九　诸娥钉板

诸娥八岁
为伸父冤
辗转钉板
配享曹娥

【原评】是较之缇萦、朱寿而更甚焉。娥年仅八岁耳，能与其舅走京师，诉父冤，已为人所难能。况以嫩肤弱肉，辗转于钉板之上，是可忍，孰不可忍？盖只知有父，而遑计（遑：闲暇。遑计：这里指没时间考虑）其他，卒以得伸父冤，娥虽死犹生矣。

【原文】明诸士吉女娥，山阴人。士吉于洪武初①，为粮长②。有黠而逋赋者③，诬士吉于官，执法论死，二子炳、焕亦系狱。娥年方八岁，昼夜号哭。与其舅陶山长走京师诉冤。时有令，冤者非卧钉板，勿与勘问④。娥辗转板上⑤，几毙。事乃闻，勘之，仅戍一兄而止⑥。娥受伤甚重而卒，里人哀之，为肖其像，而配享于曹娥庙中⑦。

【注释】①洪武：明太祖年号。②粮长：掌管粮食税收的官。③黠：聪明狡猾。逋：拖欠。④勘问：审问。⑤辗转：来回翻转。⑥戍：守卫边疆。⑦配享：一起供奉祭祀。

【译文】明朝诸士吉的女儿名娥，是山阴人。诸士吉在明太祖洪武初年，担任掌管粮税的官。有一个很狡猾又拖欠粮税的人，到官府诬告他，依法判处死刑，他两个儿子诸炳和诸焕也被关进了监狱。诸娥才只有八岁，日夜号哭。她跟舅舅陶山长一起去京城喊冤。当时有法令，喊冤的人如果不躺在钉板上，就不审问。诸娥在钉板上翻来覆去，差点就要死了。官府听说了，就去推勘审问，最后只是把她一个哥哥充军到边疆而结案。诸娥因为受伤太重而死。乡村里的人都为她伤心，就依照她的样子塑了像，供奉在曹娥庙里。

八十九 诸娥钉板

九十 李甄拜道

甄氏姑病沿道拜求
廬墓三載懿德千秋

【原评】孝子之于父母,精诚所感,血脉相通,如啮指心痛者,亦不数觏。乃孝妇之于姑,亦心动汗流,我未之前闻也。沿途拜祷,迫切之至矣。庐墓三年,哀恸之至矣。尽养尽哀,尽心尽力,孝妇之道,于斯为极。

【原文】 明栾城李大妻甄氏，孝于舅姑。夫与其弟异居，姑一日出往次子家，甄氏随侍不忍去，姑命之还。甫三日，甄氏忽心动，举身流汗。少顷①，果有人来告其姑病笃者。甄氏沿途拜祷，往至姑侧，侍疾数日而愈。后姑年九十一以疾卒，合葬于舅墓。甄氏庐于墓侧三年，旦夕悲恸不辍②，里人称为孝妇。洪武中，诏旌表其门。

【注释】 ①少顷：一会儿。②辍：停。

【译文】 明朝栾城李大的妻子甄氏，侍奉公公婆婆很孝顺。她丈夫跟弟弟已经分居了，有一天，婆婆要到第二个儿子家，甄氏跟着去，不放心离开婆婆，直到婆婆叫她回去，她才回去。才过了三天，甄氏忽然觉得心里一动，全身流汗。过了一会儿，果然有人来告诉说她婆婆病得很重。甄氏就沿路跪拜祷告神明，到了婆婆身边，她就服侍婆婆，过了几天婆婆的病就好了。后来婆婆活到九十一岁，得病死了，甄氏就把婆婆合葬在公公的墓里。她在坟墓旁搭了茅屋，住了三年，日夜不停地伤心痛哭，乡村里的人都称赞她是孝顺媳妇。明太祖洪武年间，皇上下诏旌表了她的门庭。

九十 李甄拜道

九十一　淑圆击鼓

淑圆击鼓
七岁
击鼓伸冤
母病割臂
善护椿萱

【原评】七岁小女子，竟能击登闻鼓以伸父冤乎，是较之诸娥而又弱一岁也。宜仁宗之矜其幼，赐以饭，赦其父之罪矣。今之七八岁小女子为何如乎？至割臂以疗母，乃其余事耳。

九十一 淑圆击鼓

【原文】明林时女淑圆，莆田人。时登永乐十三年进士①，观政刑部②。缘门籍事诖误系狱③，例发北京营工④。淑圆甫七岁，击登闻鼓⑤，诉父冤。仁宗监国南京⑥，矜其幼，赐以饭，遂宥时罪。后随任陕西，母王氏病，诸药勿效。其时淑圆年已十二，潜割左臂肉，和粥以进，母获全愈。长嫁西安左卫指挥使费铭，寿至八十余。

【注释】①永乐：明成祖年号。②观政：从政。③缘：由于。门籍：悬挂在宫殿门前的记名牌，上面有名才可以出入。诖：失误。诖误：官员因为过失而受谴责或失掉官职。④营工：做苦工。⑤登闻鼓：在朝堂外设一面鼓，给要伸冤的人击打，以通知官府。明代的登闻鼓设在通政院。⑥监国：代理国事。

【译文】明朝林时的女儿叫淑圆，是莆田人。林时中了永乐十三年的进士，在刑部做官。因为宫前记名牌的事情犯了错，被捉进了监狱里，照例要发配到北京做苦工。林淑圆才七岁，就敲登闻鼓，诉说父亲的冤屈。当时仁宗帝在南京代理国事，可怜林淑圆还这么小，就赐给她饭吃，免了林时的罪。后来她跟着父亲去陕西上任，母亲王氏生了病，各种药都没有用。当时林淑圆已经十二岁了，悄悄割下自己左臂的肉，放到粥里煮给母亲吃，母亲的病就全好了。她长大后嫁给了西安左卫指挥使费铭，直到八十多岁才去世。

九十二　桂李割乳

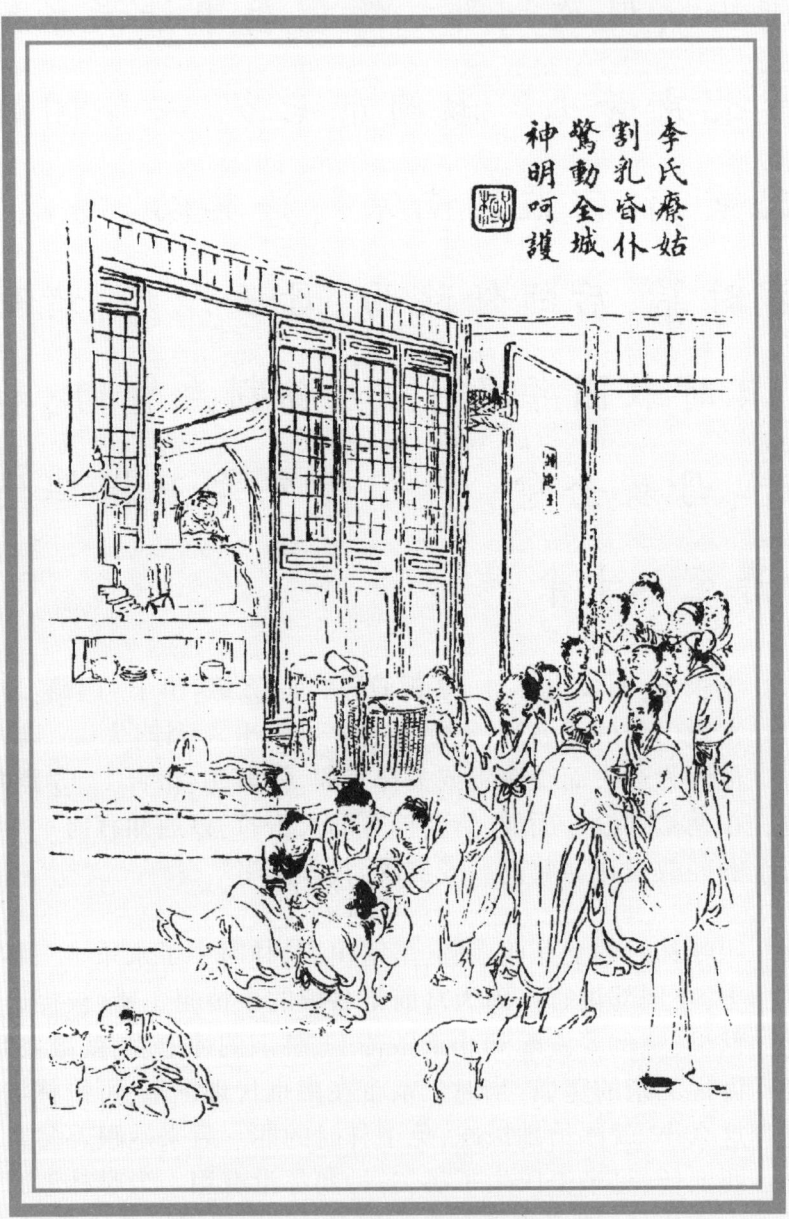

李氏療姑
割乳奇什
驚動全城
神明呵護

【原评】世皆知割股疗亲事，而王陈氏剖肝，桂李氏割乳，尤为闻所未闻。夫割股犹是亲之肉，然非所论于王陈氏桂李氏也。此二人者，皆疗其姑也，且前无成例，今偶有闻，即毅然为之，可谓奇孝格天矣。

【原文】明桂廷凤妻李氏,其姑患痰疾,将不起。闻有言乳肉可疗者,李氏乃煮药爇香①,祷灶神,自割一乳,昏仆于地②,气绝。廷凤呼药不应,出视,见血流满地,大惊呼救。倾骇城市,邑长佐皆诣庐,命亟治。俄有僧踵门曰③:"以蕲艾傅之即愈④。"如其言,果苏。比求僧,不复见矣。乃取乳和药奉姑,姑竟获全。

【注释】①爇:烧。②仆:倒。③俄:短时间。踵门:登门。④蕲:药草。傅:同"附"。

【译文】明代桂廷凤的妻子李氏,她婆婆得了痰病,就要死去了。她听人说乳肉可以疗治这个病,就煮了药,在灶神面前焚香祈祷,然后自己割下一只奶,晕倒在地上,断了气。等到桂廷凤叫她拿药,没有回应,桂廷凤出来看时,发现血流了满地,非常惊恐,就大声呼救。这件事震惊了整座城市,县官们都来拜访他们家,吩咐给她快快医治。正在这时,忽然有一个和尚上门说:"把蕲艾贴在伤口上就会好。"他们照他说的做,李氏果然苏醒了。等到去找回和尚的时候,和尚已经不见了。于是就把乳肉掺合了药去给婆婆吃,婆婆果然得救了。

九十三　庐吴寻骸

吴氏鸯女
孝义动天
二骸既得
夫丧亦旋

【原评】庐吴氏可谓尽人伦之至矣，舅姑二丧，寄瘗临洺，其夫为廪生（廪：音lǐn。廪生：由公家给膳食的生员），岂不知尽人伦，尚以无法奉丧而愤死，况吴氏乎？况吴氏又加一夫丧在外乎？乃鬻女为资以求之，号泣中野以得之，谓非孝义动天欤？

九十三 庐吴寻骸

【原文】明庐清妻吴氏，潞州人。清以父母客死临洺，贫乏不能归葬，发愤死。吴氏叹曰："舅姑委骨于北①，良人殒命于南②。人伦巨责，集吾身矣。"遂鬻女为旅费。独抵临洺，觅舅姑瘗处③，不得，号泣中野。忽遇清所授徒，为指示收二骸以归。复冒暑至汴④，负夫骨还。三丧毕举，忍饿无他志⑤。学正刘崧⑥，言于知州马暾，赎其女，厚卹之⑦。

【注释】①委：抛弃。②良人：丈夫。③瘗：埋葬。④汴：河南开封。⑤他志：别的想法，指改嫁别人。⑥学正：学校里的教官。⑦卹：同"恤"，救济。

【译文】明朝庐清的妻子吴氏，是潞州人。庐清因为父母客死在临洺，又很穷，没办法把父母的遗体运回家乡安葬，就痛恨到自己也死了。吴氏叹息说："公公婆婆的遗体被遗弃在北边，丈夫死在了南边。伦理上的巨大责任都集中在我身上了。"于是就把卖掉女儿的钱作为路费。她自己一个人到了临洺，去找公公婆婆埋葬的地方，却找不到，就在田野里大哭。忽然遇到了丈夫庐清的学生，给她指示了位置，于是她就运着两具遗体回去了。之后又再冒着暑热来到开封，把丈夫的遗体背回了家乡。三件丧事都完成了，她就自己忍着饥饿，不愿改嫁。有个教官叫刘崧，去跟知州马暾讲述了吴氏的事情，于是就给她赎回来了女儿，还给了她一大笔抚恤金。

九十四　陈高发鞍

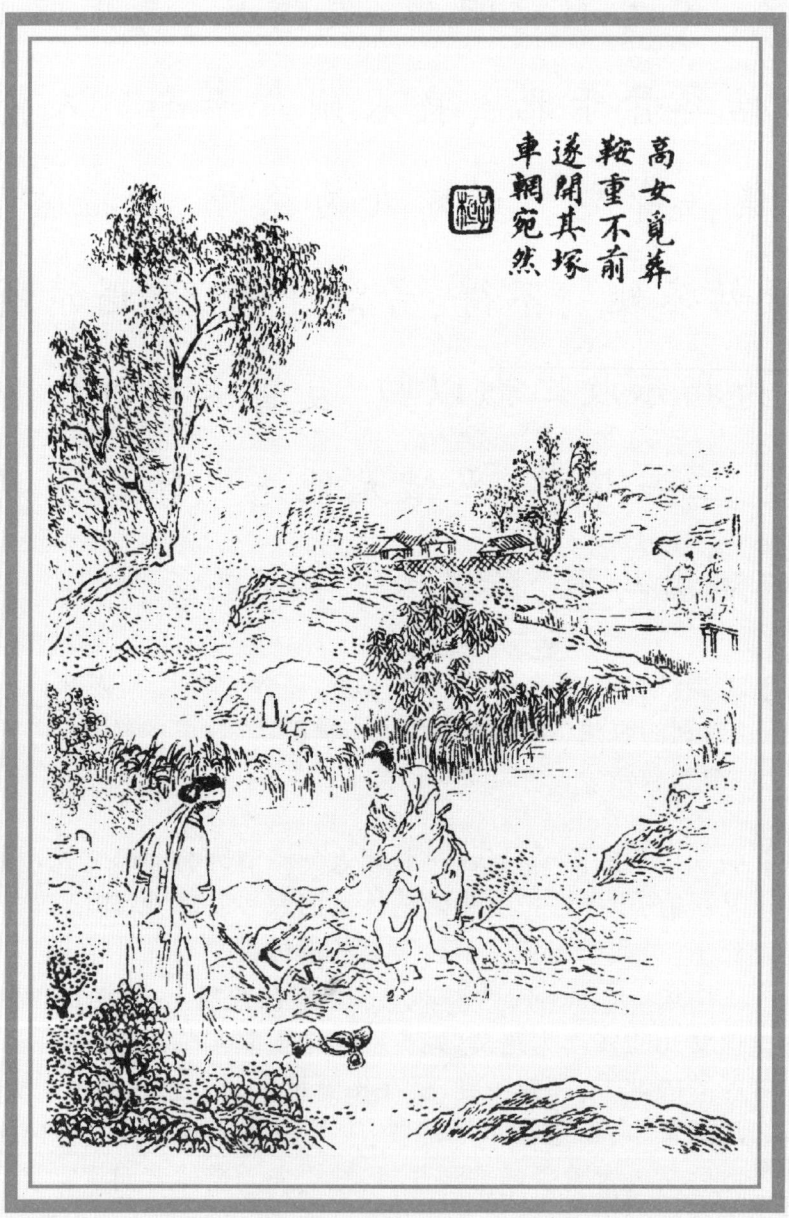

高女觅葬
鞍重不前
遂開其塚
車鞅宛然

【原评】陈高氏之尽孝，可谓知所先后矣。盖女子出嫁，以事舅姑为主。舅姑老，夫又亡，不可一日离也。父丧未归，尚有懦弟，三十年后，翁姑丧葬事毕，乃觅父骸。两家子职，一身独当，诚孝所感，宜发鞍效灵也。

【原文】 明陈和妻高氏,早寡,奉翁姑孝。翁姑殁,葬毕,高年已五十,泣谓子刚曰:"我父旅葬虞城北,母以枣木小车辋识之①。比还②,母亦死,弟懦。我三十年不敢言者,以汝祖父母在堂也。今欲往舁父遗骸③。"刚从之。至葬所,塚累累莫辨。高以发系马鞍逆行,自朝至夕。至一小塚,鞍重不能前,即开塚,车辋宛然④。观者咸惊异,助之归。

【注释】 ①辋:车轮周围的框子。②比:等到。③舁:抬。④宛然:清楚。

【译文】 明朝陈和的妻子高氏,很早的时候就守寡了,侍奉公公婆婆很孝顺。后来公公婆婆都死了,她安葬了他们。这时她已经五十岁了,哭着对儿子陈刚说:"我父亲没有葬在家乡,而是葬在了虞城北边,我母亲用一个枣木做的车轮框做了记号。等到我回到家,母亲也死了,我弟弟还很弱小。我三十年来都不敢说起这件事,是因为你祖父母还在世上的缘故。现在我想去把父亲的遗骨运回来。"陈刚也跟着母亲一起去。到了之前埋葬的地方,坟墓有很多,不知道哪一个才是。高氏就把头发绑在马鞍上,倒着走,从早上走到了晚上。走到一个小坟墓那里,她觉得马鞍很重,不能再往前了,于是开了那个坟,车轮框还清晰可见。周围有人看见了,都觉得很惊奇,就帮他们把遗骨运了回去。

九十五　刘女代耕

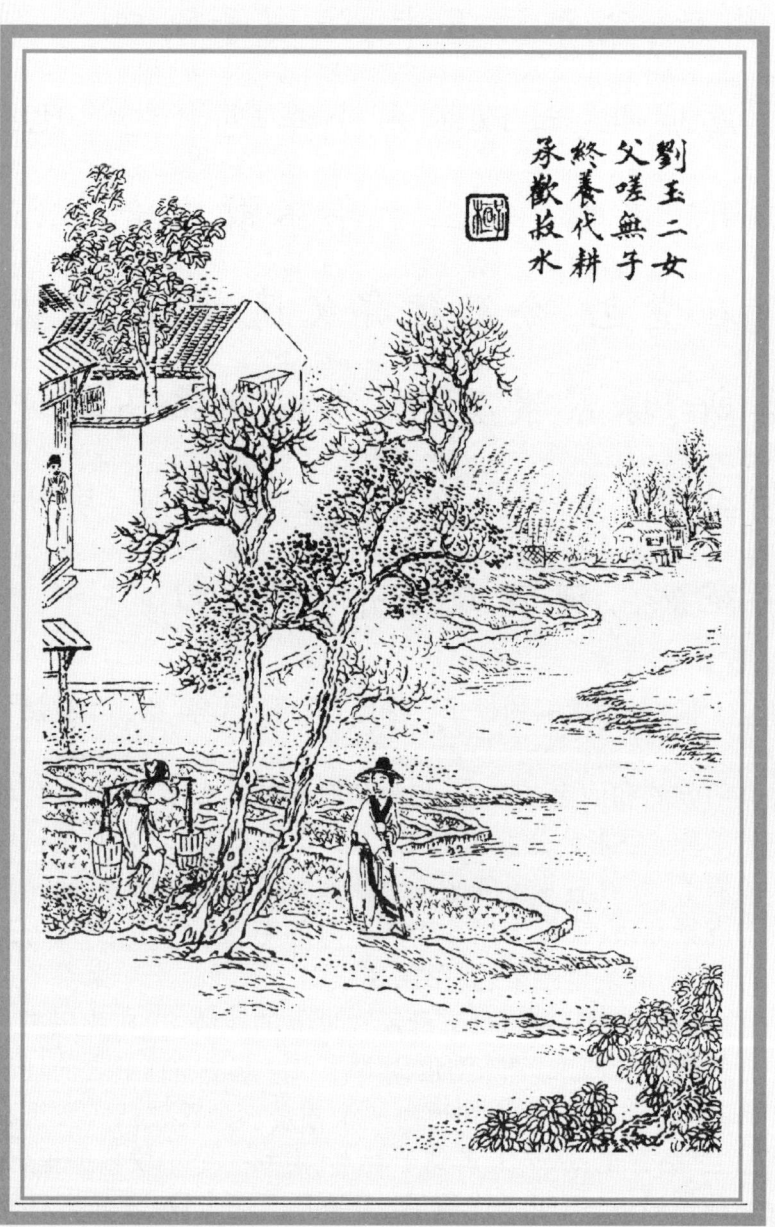

劉玉二女
父嗟無子
終養代耕
承歡汲水

【原评】"生女不生男"一语，淳于意叹之，而缇萦上书；刘玉叹之，而二女代耕。谁谓生女无益哉？亦视已身德行何如耳。至于晨昏定省，始终无间，已可云孝。乃即屋为邱，六十余年来，定省未缺，其孝为何如乎？

【原文】 明刘氏二孝女,汝阳人。父玉生七女,无子。家贫力田,尝至垅上叹曰①:"生女不生男,使我扶犁不辍也。"其第四、第六女闻之,恻然,遂立誓不嫁,着短衣,代父耕作,以菽水承欢②。及父母相继卒,无力营葬,二女即屋为邱③,日定省焉④。隆庆四年⑤,督学副使杨俊民、知府史桂芳诣其舍,请见,时二女年皆六十余矣。

【注释】 ①垅:同"垄",田地里的高地。②菽水承欢:奉养父母,让父母开心。③邱:坟墓。④定省:子女早晚向亲长问安。⑤隆庆:明穆宗年号。

【译文】 明朝一户姓刘人家有两个孝顺女儿,是汝阳人。她们的父亲刘玉生了七个女儿,没有儿子。家里很穷,他自己一个人努力地耕田,曾在田地里的高地上叹息说:"我只生了女儿,不生儿子,让我一个人不停地种田。"他第四和第六个女儿听到了,很伤心,就立誓不嫁人,穿着短衣代父亲耕田,以博取父亲欢心。等到父母先后去世了,她们没有能力安葬,就把屋子改成坟墓,还坚持每天早晚向父母问安。明穆宗隆庆四年的时候,督学副使杨俊民、知府史桂芳两个人去她们家拜访,请求见面,当时她们两人都已经六十多岁了。

九十五 刘女代耕

九十六 武江侍食

江氏每食
必先侍姑
甘亲污秽
勿使女奴

[原评] 人每不甘为父母亲污秽，况为其姑乎？抑思我母，却为我甘亲污秽也，我姑却为我夫甘亲污秽也。仆婢亦人也，已受母姑深恩，而犹不甘，仆婢其甘之哉，非势使而何？孝妇推念及此，诚无微不至矣。

【原文】 明武师端妻江氏,事父母以孝著。及归师端,其姑病癞①,江氏为湔洗②。邻妇曰:"若岂无仆婢而亲污秽耶③?"江氏曰:"仆婢以势使,虽不敢违,非所甘也。我则甘之。"姑噤口二旬④,医技穷。江氏割左膊肉,火干为末,讬药以进⑤,姑服之渐愈。每食,必身侍姑,姑食讫,乃食。筹家事,则之他所⑥,不令姑闻愁叹声。里党则焉⑦。

【注释】 ①癞:一种传染病。②湔:洗。③若:你,你们。④噤:闭口不说话。⑤讬:同"托",假托。⑥之:往。⑦党:亲族。则:立为准则,效法。

【译文】 明朝武师端的妻子江氏,她侍奉父母很孝顺,是出了名的。等到嫁给了武师端,她婆婆生了癞疾,她就亲自替婆婆清洗。邻居一个妇女说:"你们难道没有婢女仆人吗?还要你自己清洗这些脏东西?"江氏说:"婢女仆人是因为主人威势,才听使唤。虽然不敢说不,但并非自己甘愿做的。而我就是自己甘愿的。"她婆婆有二十天开不了口,医生都没有办法了。江氏就割下自己左臂的肉,烘干了做成肉末,假托这是药,去给婆婆吃,婆婆吃了之后病就渐渐好了。每当吃饭的时候,她一定亲自侍奉婆婆,等到婆婆吃完了,她才吃。计划家事的时候,她一定去别的地方计划,不让婆婆听到忧愁叹息的声音。乡里和亲族都把她当成榜样。

文王问安图